你的品牌需要一个讲故事的人

［美］
理查德 · 克莱沃宁 Richard Krevolin
著

陶尚芸
译

THE HOOK

中国友谊出版公司

图书在版编目（CIP）数据

你的品牌需要一个讲故事的人 / (美) 理查德·克莱沃宁著 ; 陶尚芸译. -- 北京 : 中国友谊出版公司, 2018.4

书名原文: The Hook

ISBN 978-7-5057-4261-1

Ⅰ. ①你… Ⅱ. ①理… ②陶… Ⅲ. ①企业管理-品牌战略-研究 Ⅳ. ①F272.3

中国版本图书馆 CIP 数据核字(2017)第 320166 号

著作权合同登记号　图字：01-2017-8074

书名　你的品牌需要一个讲故事的人

作者　［美］理查德·克莱沃宁

译者　陶尚芸

出版　中国友谊出版公司

发行　中国友谊出版公司

经销　新华书店

印刷　大厂回族自治县益利印刷有限公司

装订　大厂回族自治县益佳装订有限公司

规格　710×1000 毫米　16 开

13 印张　204 千字

版次　2018 年 4 月第 1 版

印次　2018 年 4 月第 1 次印刷

书号　ISBN 978-7-5057-4261-1

定价　49.00 元

地址　北京市朝阳区西坝河南里 17 号楼

邮编　100028

电话　（010）64668676

序一

谢卡·科斯拉

家乐氏公司亚太和非洲地区首席营销专员

随着社交媒体的兴起，我们正在进入讲故事的新阶段。在这个阶段，那些赢得广泛信任和全球影响力的人物对你品牌的评价，可能比你对自己品牌所作的评价更重要。

在这个新的常态中，透明度是硬性指标。当你致力于将品牌承诺商业化的同时，最好找一个经验丰富又能鼓舞人心的合作伙伴，这是一笔财富。我发现，理查德·克莱沃宁就是我正在寻找的合伙人，可以帮助管理联合利华亚太护肤品业务，并拥有建立未来企业的能力。他办了一个高级讲座，教我们如何编写品牌故事。这是一个十分有用且重要的讲习班，他在班上教授了很棒的营销技能，归根到底，就是如何真正讲出好故事。

自从多年前在研讨会上与理查德认识之后，我多次利用品牌故事的设计原理来构建品牌的独特性。在接触到他的教学之后，我的事业的确变得更成功了。我知道，你们在读完这本书后会有同样的感受。

最后，他针对营销和商业的观点论述太有价值了，仅凭研讨会不足以满足大家的求知需要。所以，我很激动，也很高兴，他终于同意写一本书来全面阐述这些内容了。这些令人着迷又行之有效的内容，会令全世界人民受益无穷。那么，你可能会问，他的书中究竟有什么好东西呢？

这本书宛如一场博览会，展示了克莱沃宁教授的讲故事技巧，尤其在今天的数字化时代，这更加引人注目。大家有目共睹的是，讲故事是我们对记忆的自然反应，回忆故事已经成为我们的一种本能。然而，随着社交媒体的兴起，标志性的本土品牌的挑战在于，品牌故事不再仅仅是由品牌管理者塑造，也可由消费者创造。

请花点时间阅读大师的这部杰作。它不仅具备娱乐性和教育性，当然还充满了奇妙的故事，这里藏有太多的信息，不可能匆匆读完。如果你想继续撰写新的品牌故事，就要在以后的日子里常常参阅它。

正如克莱沃宁教授所说：“大胆一点，勇敢一点，讲更好的故事去吸引他们。”

序二

哈里·贝克维斯

商业顾问，亚马逊热销榜图书《销售无形的商品》作者

毫无疑问：我们都是以故事为本。

当人类刚出现在地球上时，我们聚集在篝火的周围取暖。无论来自什么国家，拥有什么样的文化背景，所有的老师、领导和艺人都有着共同的特点：他们都是讲故事的人。故事传达了历史事件、生活教训、多元观点，以及从错误和成功中得来的机会。它们启发了情感和行动，提供了一种群体互联和心灵治愈的奇妙感觉。当旅行者从遥远的地方赶来分享故事时，这些故事就会编织出原始的"万维网"。

伟大的宗教也从讲故事的人中涌现出来。摩西、穆罕默德和拿撒勒人耶稣都有艺术天赋。伟大的军事领袖尤其如此，因为世界上最难做的买卖就是说服一个年轻的男人或女人为拯救祖国而付出生命的代价。

我们渴望故事，部分是因为我们生来如此。曾经有一位著名的大脑科学家对我说："人脑中最古老的神经通路的作用就是讲故事。我们的大脑，甚至我们的整个生命——都有着与生俱来的讲故事的能力。"

环顾四周，故事无处不在。例如，我们的晚间新闻播报的是什么？那是一系列的故事，一个接一个。我们的电影、小说和戏剧呢？是故事。我们的舞蹈、艺术创作、喜爱的歌曲或电视节目呢？也是故事。《人物》（或任何其他

杂志或报纸）中的每个专栏，我们与朋友的日常闲话，我们如何看待自己和我们的人际关系呢？还是故事。

怀疑论者现在也在争论：“商业是不同的，商业是理性的。”他们坚持认为：“商业就是要以良好的价格出售优质的产品。”

不对，不对，不对。成功的商业就是提供一些吸引你和我的东西。没有什么比精彩的故事更能吸引你和我，以及你和我之外的其他人。

理查德·克莱沃宁认识到了这一点，并建立了针对企业的商业教学，教授他从制作电影中学到的艺术：讲故事的艺术。当然，本书很好地传达了他的课程内容，我希望大家认真阅读和学习。这些知识和技巧也将使你们成为更有效的领导、教师和营销人员。

此外，当人们围坐在火炉旁讲故事的时候，人们会享受更多的乐趣。

目　录 CONTENTS

第一篇　故事为什么吸引人

第二篇　品牌故事是怎样炼成的

第三篇　品牌故事的类型

第四篇　现实世界的应用

THE HOOK

第一篇
故事为什么吸引人

第一章
一个故事就是一个鱼饵

鱼饵必须符合鱼的口味，而不是渔夫的胃口。

——佚名

具备创造力的领导和企业如何打造整体品牌和服务，并吸引目标市场呢？他们会动之以情，讲故事引起共鸣，点燃内部员工和外部客户的激情，促使他们转变观念。

等一等！

讲故事真有如此奇效吗？拜托，是真的吗？是讲故事吗？他们是在读哄孩子睡觉的睡前故事吗？他们的故事与商学院课程中的成本效益指标有关吗？还是……

是的，是的，是的！你通过努力可以获得工商管理学硕士学位，并取得最佳效益。但是，如果你不能与目标受众或目标市场建立情感联系，那么，你之前的努力是不是都付之东流了呢？

那么，如何与他人建立联系并保持友好往来呢？人类100万年的历史证明，现在只有一个好办法。那就是——讲故事来吸引人。是的，编故事，讲故事！

网络时代的品牌故事

在这个永不掉线的消费者世界中——从一连串活动的分批流程到交易大厅里发生的各种谈话——市场营销的作用需要随时转变。因此，它不仅要求我们编一段故事（一段已经发生、发展和结束的独立故事），而且要我们掌控一段永远都在进行中的品牌故事。

曾几何时，营销学被誉为创造和推销神话的艺术。而如今，营销学则是寻找真相并与他人分享的技能。我们讲故事的方式也在转变，以前是自上而下的单向传统故事，现在是多层次全方位互动的品牌故事。那么，什么是品牌故事呢？

品牌故事必须回答的问题是——“某个品牌为什么会出现”，而不是“这个品牌卖什么”或者“这个品牌怎么卖”。其实，品牌故事就是你的故事。它们是由你和消费者共同创造价值的故事，反映了你和消费者持久对话的核心内容，归根到底要为你的品牌目标而服务。

现在，为了实现真正的品牌成功，我们不仅要介绍品牌质量，还要研究如何讲故事——讲出符合消费者需求的故事。本书将会向你展示，那些时髦品牌是如何建立品牌故事，并走向世界，为顾客与消费者创造价值的。

本书的内容包括：故事如何说服别人并影响人的思维？脑科学和心理学领域有哪些最新研究成果？人类对故事的反应和共鸣体现在哪里？还有，什么是好故事？如何讲好故事？如此一来，你就会明白如何促进企业与目标客户之间的关系，从而产生更多的销售业绩。

针对这个问题，我会在本书中多次强调：品牌故事的关键点就是，你所讲故事的主角不是你的品牌或产品，而是消费者。而且，你的品牌或产品必须有助于消费者达成他们自己的目标，实现他们自己的潜力，让他们成为自己想要成为的人。如果没有你的产品，他们就实现不了自己的愿望。

真的吗，伙计？

接下来，我要阐明的是“品牌目标”——品牌自己的DNA——以及如何将它转化成故事，其重要性远远超过了任何标签、网站或宣传视频。如果你可以全方位地塑造品牌故事，那么，你的整个公司就会迈向永久的成功。

在下文中，我还要讨论，如何让品牌故事与企业体制融为一体的相关事宜（例如，公司的品牌主张、包装风格、产品感觉，等等），并提供全球范围内的跨行业和跨地区的实际应用示例（比如，银行业务、普通消费品、耐用品、奢侈品、大众产品）。

在这个社交媒体和网络故事盛行的时代，如果你懂得如何讲故事，就可以决定和管理自己品牌的内容架构。如此，你还可以模仿客户和网络消费者讲故事。即便是同类产品，只要你善于讲故事，就可以让自己的品牌脱颖而出，让顾客心潮澎湃。我还要深入探讨，随着社交媒体的兴起，日常故事如何发展成为品牌故事。

最后，我将要举例说明一个具体品牌的故事流程，大家可以随学随用，以便获取更有效的营销手段。我要分享的是一个真实案例，可以帮助大家增加客户与销售业绩。

讲故事也是一门艺术

如今，人们比过去更加忙碌和烦恼，还要遭受更多广告媒体的狂轰滥炸，已经十分伤神了。那么，你要如何传播自己公司的信息，让人们耳闻目染，并达到潜移默化的理想效果呢？

现在，我们越发需要讲故事了。但在此过程中，也难免会出现一些问题：

电脑显示屏和幻灯片的光芒会不会吞噬讲故事的魅力？

如果故事已然被科技所取代，它能不能复活呢？

即便可以，我们也没必要去费心尝试吧？

如今讲故事的人这么多，你如何才能让自己的声音和风格一鸣惊人呢？

故事为什么吸引人？现代企业为什么需要利用讲故事来吸引眼球？

这些都是现实问题。只要一个简单的答案，就可以解决所有的问题：

只要讲好故事，就可以与人交流，并说服他人，甚至进行友好合作。为了让大家如愿以偿，本书将会介绍一种行之有效的简单方法，它是深思熟虑的结果，也是久经考验的产物。

凡是关注品牌塑造的商人，都会努力学习讲故事的艺术，以重塑自己，获取与客户和消费者合作的机会，从而确保未来的成功。

所以，我创作这本书，只是为了救一时之急——这是一种艺术形式的入门书——如今市场上鲜有，却招来更多的人议论，而且似乎难以被参透。只要你愿意听故事，本书就会帮你恢复动力并激发活力，就像除颤仪上的电极片一样。它是一本指南手册，也是一盏指明灯，告诉大家如何利用故事来促进公司内外的全方位成功。

我会介绍一些讲故事的有用方法和规则。请大家务必记住，讲好故事的关键点就是：故事必须细致入微，而不是严肃古板。这样才能让你在竞争中有个良好的开端。一切规则都好比双向公路上的护栏，让你在旅途中从容减速，从而得心应手地创造和分享品牌故事。

请记住：你就是那个为自己的企业讲故事的最佳人选。你只需要接受一个事实——故事并非一蹴而就的产物。即便是最会讲故事的人，也要一再加工，让故事更加合理有趣。但是，你——而不是别人——必须知道讲故事给谁听。只有了解听众，才能编出恰到好处的故事。因此，会不会讲故事，取决于你自身的能力。

接下来，我要补充一点小小的提示：讲故事的过程一定比白皮书、会计电子表格或烦琐的幻灯片更具激情和娱乐性。

你说："算了吧！我不是天生就会讲故事。我恐怕永远也做不到。"

我会说："拜托！你可以做到的，你很快就会创造出有力的品牌故事。"

如果你现在有点犹豫，这是正常的。事实上，在过去的 25 年里，我组织的每一场故事研讨会中，都出现三种类型的问题和疑虑：

问题 1：会讲故事是上帝赋予的礼物，是天生的，不是后天培养的吧？

答：不是天生的，任何人都可以学习讲故事的能力。无论我们来自哪个国家，都要反复不断地练习讲故事，这样才能在观众面前从容自如。

问题2：如果某人不是天生就会讲故事，那么，有没有成功的参考案例和方法，帮他构建美好的故事呢？

答：绝对有！我将在本书中分享几个案例，以便大家马上学会讲述更具吸引力的人生励志故事。我曾在世界各地带领班级和研讨会，还曾编写图书、电影剧本、舞台剧、漫画脚本、演讲稿、商业广告剧本，甚至为法庭案件撰写过开庭陈述和结案陈词。我注意到，讲故事可以对每个项目产生一系列作用。是的，在讲故事的过程中，可以使用统一的原则和具体的方法。当你了解自己品牌的DNA时，就可以编出恰到好处的故事，以情感传达必要的信息，并吸引目标受众的眼球。

问题3：即便故事好，而且应用得当，最终也要制成统计表、指标列表和要点大纲，这样才有影响力，是吗？

答：这个问题问得好。我认为，统计表和要点大纲给人安全感——特别是当投资处于血本无归的危急关头时。所以，依靠统计表，而不是故事，这样会感觉风险较小。而且，讲故事与统计分析不同，它不是一门严密科学。因此，讲故事具有根深蒂固的不确定性。讲错故事会伤及他人。所以，请你务必小心谨慎。然而，讲对故事，其好处远远大于任何统计分析的结果。

史蒂夫·乔布斯曾经用美妙的故事掩护伟大的设计，从而逆转了统计分析的趋势。他知道，关于他的产品，如果他能讲出恰到好处的故事，就可以吸引狂热的消费者，因此，他不需要用数据和指标来证明自己做得对。

我有一个小小的畅想

在这里，我要提出一个小小的畅想：不要把讲故事想象成恐怖画面或是限制你的紧身衣，而要把它看成一条宽阔的高速公路，可以把你带到任何你想去的地方，让你自由安排自己的旅行日程，一路上沿袭你自己的独特风格。

我认为，讲故事的最佳方法就是采取比喻手法。我相信，讲故事的规则非常类似于创作十四行诗。你瞧，起初的时候，十四行诗貌似并不灵活。韵律序列是预先设定的，只能有 14 行，而且必须用抑扬格五音步格律写成。

不过，试想一下，即便有了这些限定因素，这些年还是诞生了很多华丽独特的十四行诗。一旦你理解并拥戴这些已知因素，就可以在它们之间挥洒自如。

好故事让人没齿难忘

我们生活在一个新的时代，各个企业不再只是追求和崇拜利润，消费者和客户也越来越希望接触和购买那些有责任心和社会意识的品牌的产品。

幸运的是，今天的大多数企业都拥有一个引人入胜的故事，还提供一系列改变游戏规则的新颖产品和服务，这意味着，我们已经迈进了重视社会责任的新时代。

但是，如何让人们对无生命的商品产生兴趣呢？如何让人们对新产品和服务产生必要的认知呢？

学会讲故事，你就能搞定这一切。

如今，每个公司都需要编写个性故事和品牌故事，个性故事的主角是公司创始人、领导层和员工；品牌故事旨在向全世界展示自己的品牌特质。如此一来，你就会让消费者热情澎湃，并永生难忘，然后，你的产品就会成为他们青睐的品牌。

简而言之，如果你会讲述感人、可信和引人入胜的故事，人们就会关心和喜欢你，因此会购买你的产品。每个优秀的销售员都明白这个道理。因此，如果购买本书，从不同的角度去思考讲故事的意义，你就会找到新的视野，讲出引人入胜的故事。

如果你善于讲述自己的品牌故事，并真实体现公司的 DNA，那么，这将有助于销售业绩的提升，还会帮你在公司内外交流中进一步提升品牌的意义和目标。

小故事，大乐趣

你必须敢于向世界宣布自己的独特故事！如果你勇于转变传递企业信息的方式，就会达到更有效的宣传效果和期望值。你的工作不是简单地提供列表、要点大纲或统计信息，而是创造新颖的品牌故事——更加引人注目，更加令人愉悦，更易引起情感共鸣的故事——无论是你或员工的个人故事，还是你的产品或服务的品牌故事。

本书将会和大家分享许多讲故事的小技巧、限定因素和策略，以及讲故事的作用和相关规则。下面给一点小小的提示：**故事创作可能会给你的公司带来更多效益**。比如，更多的乐趣和灵感，更多的团队意识，更大的成功概率。

现在，让我们重新开启这个古老的旅程吧。我想邀请大家一起去探险，并抓住一切机会讲故事——天赐良机，请你珍惜。

第二章
我的个人品牌故事

记忆带有一定的感情色彩，它是一个再加工的过程。我们虽然记不住所有的往事，但一定记得某个故事中的一连串事件，这样才能充分了解眼前的现实。

——拉比·欧文·库拉，《在泰瑞辛集中营寻找光明》

我写这本书的目的是教大家讲故事。首先，我要跟大家分享一个私人故事，然后再继续后面的内容，这样会比较妥当。

很久以前，有一位好莱坞剧作家，他擅长讲故事，真可谓“剧本医生”——这个人就是我。我开始注意到，编剧修改银幕故事的原则可以应用于很多地方——CEO的演讲、电视广告、商业计划、经理的幻灯片演示和销售人员的产品展销等。多年来，即便故事千变万化，讲故事的原则却是一成不变。因此，我讲故事的思路非常清晰，我知道如何向商务人士介绍这些原则。他们起初不相信自己具备创造力，但很快就表现出了适应和应用这些原则的卓越能力，并迅速变身为老练的故事高手。

当然，我知道有人会表示怀疑。当某人说“妙极了”的时候，也许他在质疑，言外之意似乎是：

“妙极了，但是——这种本领真的可以教会吗?”

“妙极了，但是——无论你的故事多么好，你都不能强迫任何人买东西吧?”

“妙极了，但是……”

简单地说，我认为，这些问题和意见互为联系，都围绕着沟通问题展开。无论你是写品牌故事来兜售一款肥皂，还是写银幕故事想卖给好莱坞电影公司，其实都一样。这一切都归结于你所创作的故事。

好故事总是很有影响力。讲故事往往效果显著。试想一下，当一群人都争夺相同职位的时候，谁能得到这份工作呢？当然就是那个最会给自己编故事的人。

当一家公司遇到困难时，什么样的 CEO 能够让公司扭亏为盈，并保住自己的职位呢？当然就是那个能够真正传达公司未来愿景的 CEO。

你见过的最佳销售员是什么样的呢？除了精致的发型和好看的鞋子，他们还有什么共同特质呢？讲故事的技巧！作为一名优秀的销售人员，就要不断修炼，做个会讲故事的人。

是的，我承认，我的工作就是讲述一幕幕故事，并戴着有色眼镜观察这个世界。我想，现在，该是站出来公开介绍自己的时候了："嗨，我的名字叫理查德，我是一个酷爱讲故事的人。"

是的，我一天花 8 小时甚至更多的时间撰写自己的故事，咨询别人的故事，并写书教别人讲故事。25 年来，我一直在学习和分享故事，如今已然知晓——也可帮助大家确定——如何创建故事结构和人物发展，以及何时讲故事会起作用。如果故事不奏效，或者遭到了破坏，我还会帮大家去修改和润色。

我不想假装学识渊博，尤其我不太了解商业世界里的大小事务。但我确实在一个特殊领域拥有多年的专业知识，那就是——讲故事！

我知道如何讲好故事，以及如何教别人讲好故事。我花了近 30 年的时间——写故事，练习讲故事，教别人讲故事。本书就是这 30 年心血的结晶。我尽量以清晰易读的方式表达我所学到的关于讲故事的一切技巧。我讲故事时用到的大部分轶事和故事，都会与故事的主题保持一致。

如果你的故事讲得好，就会让人捧腹大笑或伤心落泪。你可以让他们喜欢上你，或者你推荐的产品、服务或概念。如果你的故事讲得真的特别好，就会让人们兴奋起来，接着，他们就会支付更多的钱来再次聆听你的故事，或者参与进来，购买你推荐的产品或服务。

请记住，讲故事的力量不仅适用于所谓的"创意"行业。在法庭上，故事讲得最好的律师，就是获得陪审团信任的那个人。关于刚刚投放市场的房子的故事，讲得最好的房地产经纪人，就是卖房赚钱的那个人。故事讲得最有趣的公共关系专家，就是为其客户获取新闻报道的那个人。故事讲得最好的教师，就是可以培养出最专注和最成功的学生的那个人。

从本质上讲，我们天生就懂得如何通过故事来相互沟通。作为人类，我们处理信息的直接方式就是讲故事。

那场演讲改变了我的人生

请允许我花一秒钟的时间回顾一下往事，讲述一个关于我自己的故事。在过去的 25 年里，我很幸运以此为生——我一直在创作不同流派的故事：小说和非虚构类故事，舞台脚本和电影剧本。此外，我曾在南加州大学电影学院、加州大学洛杉矶分校电影学院、爱默生学院和伊萨卡学院的本科和研究生学院担任戏剧写作教授。

从那时起，我便开始在全国各地的作家会议和电影节上大量演讲，并渴望成为讲故事专家。后来，听过我演讲的许多作家开始雇用我去私下采访他们。这就是我多年来工作的焦点。我为作家们写故事，教导并训练他们写故事。我合作过的故事专家，基本上属于好莱坞制片公司的范围，以及想成为好莱坞编剧的人，还有一些剧作家和小说家。

几年前，我应邀成为一场讲故事大会的演讲嘉宾之一。不过，演讲者没有酬劳，整个周末，我都得支付所有的路费和食宿费。但我认为，那次大会值得我花费时间和金钱。我相信，那次大会能给我机会分享自己的技能和生意经，还让寻求帮助的观众表达自己的愿望。同时，那次大会能让我接触那些想要聘请经验丰富的演讲大师的行业，从而扩大我的故事演讲业务。所以，我同意参加那次大会。

演讲大厅可以坐下 200 人，当时却只有 12 人出席了我的演讲。虽然我竭尽全力在演讲，我的讲话也很顺畅，但毫无疑问，情况有点儿让人泄气。尽管很高兴可以出席那次大会，并感谢到场观众的积极反应，但必须承认，我有些失望，因为只有12个人分享我的激情，而且当时没有人走近我并咨询我的业务情况。

我开车回到洛杉矶，并试图忘记那件事。几天后，我接到了另一个演讲嘉宾的电话，她是好莱坞最著名的讲故事专家之一。她告诉我，她最近接到一个全球大牌的电话，希望她坐飞机去充满异域风情的国外参加为期一周的故事讲座。她虽然想去，但她那个星期已经有约了。她告诉我，她就是上个周末演讲大会中的12位听众之一，所以，她想推荐我替代她去出国演讲。她想知道，我是否有兴趣与邀请方交谈。

我有兴趣吗？当然有！

由于她的推荐，我不仅获得了那个机会，还获得了那家公司以及其他公司的一系列工作邀约。事实上，它在我的职业生涯中开创了一条全新的道路——帮助企业和企业家们通过讲故事来实现和维持更大的成功。这一切都是我出席那次演讲大会的效应。在此之前，我一直认为那次大会的效果与我花费的时间不相匹配。

这件事给我的教训非常清晰：我们总是闭门造车，躲在家里构思自己的故事。真是目光短浅啊。我还曾认为，我在大会上花费了大量的时间和金钱，却没有立即接洽业务，真是不值得。哎，那样想是错误的！

在生活中，我们通常不知道自己的努力会得到什么结果。尽管只有12位观众，但是，我依然花了110%的努力去讲好故事。事实证明，这12个观众当中有一个人对我的演讲印象深刻。于是，她给我推荐了一份工作，最终改变了我的人生。

于是，我重新构思了一个故事，并吸取了教训。当你做自己的工作时，你永远不知道，自己的努力会不会对他人产生积极的影响，或者，会不会改变你自己的人生。换句话说，无论是在车间里、飞机上或餐厅里，只要你努力与坐在你旁边的那个人互动，总有一天，有人会助你走上令人兴奋的人生新旅程。

22 秒短片成就一个大品牌

我的故事不止于此。别忘了，我还有一份工作——与一个护发大品牌的全球品牌经营团队以及智威汤逊广告公司的一群主管共事。对我来说，这是个崭新的领域，他们却是该领域内经验丰富的专业人士。所以，在第一次发言之前，我很紧张。我如何才能真正帮助他们呢？然而，同时，我必须承认，我也对这个挑战感兴趣。我们相约开一个电话会议，并确定了具体日期和时间，以进一步探讨此事。

在电话会议中，我与那位全球品牌总监以及智威汤逊广告公司全球总监初步探讨了护发话题。他们只问了我一件事："作为好莱坞故事专家，你是否有信心，在不到 30 秒内，讲述一段令人信服的真实故事？要知道，现实生活中的女人每天都要面临各种护发问题。你能做到吗？你的故事会奏效吗？"

我回答说："绝对可以！只要你愿意遵循讲故事的基本规则就行。"

"好的，好的，"其中一位总监说道，"不过，请你记住，在这段只有 30 秒钟的商业广告中，加上我们的产品拍摄和展示，你的故事只剩下 22 秒的时间了。"

"没问题，"我回答，"不管是 2 小时的长片，还是 22 秒的短片，同样都是故事。只是，给你的时间越短，对你编故事的能力要求就越高——你必须更加擅长塑造角色，构思冲突和剧本的三幕式结构。"

就像在好莱坞电影中一样，我知道下一步该做什么。我在古巴哈瓦那的一个豪华酒店的宽敞房间里发表演说，房间里挤满了来自世界各地的品牌和广告执行官。我正在向他们阐述故事规则问题。接着，我们开始创造一个经典的故事架构——为时 22 秒的护发短片。但是，唉，我们遇到麻烦了。

正如所有妙趣横生的故事（后面还有很多）一样，冲突和紧张局势出现了。我遭遇了高管们的大量异议。故事里的事件十分新颖奇特，让大多数人感觉不舒适。于是，他们抵制了我的故事！

你瞧，80% ~90% 的商业广告都不是以故事为基础，而是以假设为前提。换句话说，电视节目给人更大的舒适度，将具体的产品利益传达给消费者，而不是靠讲故事取胜。

高管们想要一个类似的现代化电视广告案例。于是，我甄选了在路易斯安那州的一个备受赞誉的塔巴斯科辣沙司广告。这则商业广告的主旨在于——塔巴斯科的员工希望人们明白：他们的产品很火辣！

为了达到夸大产品的目的，他们的取景地设在了海湾附近。那是一个炎热的下午，一只蚊子正在吮吸一个印第安人的血液，那个人刚刚吃了一碗塔巴斯科辣沙司拌饭。然后，蚊子飞走了。过了一会儿，蚊子的血液中充满了火辣辣的塔巴斯科辣沙司，此时的蚊子生不如死。然后，"嘭"的一声，蚊子的肚皮爆炸了！（大家可以在视频网站上找到类似的商业广告。）

这是一个有趣的场景（我没有参与制作，我只是一个粉丝而已）。更重要的是，塔巴斯科的员工们设计出如此夸张的场景，是因为他们需要向你展示产品的特质：塔巴斯科辣沙司真的是火辣火辣的！

但这是一个故事吗？不，如果把它改写成故事，会诞生一则更好的商业广告吗？我想是这样的。让我进一步解释一下：在这个场景中，主角是一个在外闲逛的印第安人。如果我们重新设计这个场景：我们一开始看到他被蚊子叮咬，心里很烦闷。他整天都在担心被蚊子咬，我们会解读他的心情，并同情他的遭遇。不过，他没有用常规手段去拍打蚊子，而是决定用塔巴斯科辣沙司去辣死蚊子。当他得逞的时候，我们会为他欢呼。这就是一个很好的例子——选取一个好的场景，再添加一些有趣的故事元素，让效果变得更好。

智威汤逊广告公司的高管聆听并接受了我的观点。他们很快就发现，他们抵制并视为潜在危险的东西，真的变成了一个机会。由于世界各地的许多广告都不是以故事为基础，因此，我们要勇于接纳更有影响力的不同的事物——那就是讲故事。

上文中提到的全球品牌总监目睹了这一切，于是把我们聚集在了一起。他相信故事的力量，他呼吁我们利用故事去吸引客户。我们也一样。由于他的高瞻远瞩，还因为兼备勇气和创意的广告代理商的支持，我们勇往直前，直接进入护发故事的核心“部位”。

我们共同致力于创造适用于护发世界的新型商业故事：真实的故事基于现实女性的现实护发问题。我们发誓要开发 22 秒的护发短片，不仅仅要展示新型洗发水的品质，还希望通过故事传达品牌特征、产品见解，以及适用于特殊人群的发质的特点。

我们的目标明确又简单。我们讲述这个洗发水品牌的有趣故事，以确保消费者在超市货架上浏览各种品牌产品且路过这款洗发水的时候，会对背后的商业故事产生积极的情绪反应，并乐在其中。

因此，如果他们更喜欢这个品牌，就会优先考虑选择这个品牌。换句话说，我们的护发短片促成了顾客对品牌的亲切感，这是一种情感上的亲密感，促使顾客对这个品牌产生忠诚度。如此，每个营销人员的梦想都成真了吧？

我们有意在广告中添加故事，也终于收获了成功。然而，最近，我与一个数年前就职于该品牌，现在却离职了的高管进行了一次谈话。她说，当我们制作护发短片的时候，销售额得到了大幅上涨。但后来，有一个新团队参与进来，他们又回到了过去的旧模式——拍摄模特儿甩头发的特写镜头——结果，销售额骤降，他们的品牌永远也恢复不到往日的辉煌。

讲故事，如果讲得好，就可以吸引和捕捉品牌的目标市场。但是，关键问题在于讲好故事。首先，你必须清楚故事传达的见解和主题。然后，你必须完全按要求执行，以便有效地传达信息。如果你做到了，就可以让你的产品脱颖而出，让故事成就你的辉煌业绩。

不过，我必须承认，在此期间，必定会不断出现磕磕碰碰。比如该公司的许多“创意”高管不喜欢受到故事规则的制约，他们试图拒绝那些束缚自己无限创意的因素。

我却不敢苟同。规则不是消极因素。本书中阐述得很清楚，你不必打破任何规则来成全创造性。讲故事的规则内部存在着巨大的自由发挥空间，足以容纳无数的自由创意。规则不是束缚，而是鼓舞人心的策略！

说到规则，戏剧结构中也存在很多基本规则，原因只有一个：它们起作用了！2000 多年前，亚里士多德首次阐述这些规则。现在看来，它们并没有发生太大变化，因为从那以后，我们潜在的人性并没有发生太大变化。亚里士多德阐明了戏剧中三幕式结构的作用：

第一幕：设置突发事件或困境。

第二幕：故事进一步发展——危机、决策和行动。

第三幕：故事进入高潮和结局。

只要看看热门美剧和好莱坞大片，你就会发现，它们都在遵循一些基本的故事范围和规则。然而，即便这些故事都遵循某些限定因素，它们却各有不同。

如果人们理解规则，那就不会觉得受到约束，不会视之为限制因素。它们让你了解其结构，还让你在这个结构中享受极大的自由。

因此，我合作过的每个团队都遵循这些规则，并努力创造自由空间。我对与我合作过的公司的企业文化印象深刻。所有高管和整个销售团队都渴望在创造现场打上自己的个人烙印，并讲述真实而独特的故事，而不是简单地拍摄漂亮的女模特甩头发的慢镜头。我们只要一上网，就能找到许多甩头发的劣质广告，以及类似的搞笑插播广告。

来自世界各地的智威汤逊广告公司的文案人员撰写了一系列新的护发短片故事——动人、给力、催人泪下的故事——在 22 秒以内讲完的故事。我很高兴，我们一起制作的第一个题为“讲堂”的护发短片，被中国观众评选为当年十大“最受欢迎的广告”之一。这是唯一上榜的个人护理品牌，可以与大众汽车、百事可乐和英特尔等大品牌相提并论。它的成功归因于所有的工作人员——包括市场和广告公司高管，他们努力地做到了与众不同。

也许你会有个疑问：“如果你有一个大公司，有钱雇用智威汤逊那样的大型创意机构，那当然很棒。但是，如果你的小企业只有很小的营销预算，那该怎么办呢?”

那么，我要说，对于初学者来说，讲故事的技巧并不难学，只要心态开放，从不同角度审视故事，然后重新加工，借以学习和成长即可。

试想一下，如果你讲讲故事就可以将产品的品牌效益融入观众更大的生活目标当中，那么，你是否促成了一次价值非凡的深层次交流呢?

作为营销人员，你有勇气将你的品牌写成故事吗？你是否有勇气撰写一则新故事，并将消费者生活中的产品收益纳入其中呢？你是否认为，如果你能设法做成，就会有很多客户渴望与你保持长期联系呢?

小结

在讲故事的背后，有很多普遍的规律，但随着新媒体形式和社交媒体的兴起，我们需要改变一下讲故事的方式。以前，我们专注于产品功效。但是，在消费者应接不暇的产品世界中，如果你希望产品和服务得到关注和接纳，那所讲的故事就必须超越功能之外，扎根于吸引眼球的目标。

一种产品或服务必须超越普通的功能列表。你需要提供一种体验——通过满足一个需求或欲望而为某人的生活增值。你需要通过强大的品牌故事与客户建立联系，因为品牌故事可以转化为各种形式的社交媒介。

消费者与你和你的产品的每一个接触点，必须围绕着你的品牌 DNA 及其故事而展开。

我写这本书的目的是与大家分享我近 30 年来讲故事的经历，我们可以共同创造一则新的品牌故事，从而引发讨论、吸引情绪和培养忠诚度。

品牌故事不仅与你的经历有关，还会亲密接触消费者的情感世界。讲故事是世界上最古老和最有效的推销方法。

让我们共同探索当今商业世界中的故事。单个人讲故事的时代已经结束了。我们要将故事视为对话的基础。在此期间，我们要构思故事，并设定故事的基调——可供品牌创造者、营销人员、用户和客户等所有人分享的故事。

你不能掌控对话的内容，就无法把握消费者的故事。但是，如果你知道为何需要讲故事来传达你公司品牌的 DNA，那么，这个故事一定会成为谈论你的公司或产品的一切对话的试金石。还有，为什么说，讲故事的效果明显？你需要做什么来改善情绪影响？这些问题也有规则可循。

请研究你正在讲述的故事，并思考如何修改故事，然后重新加工，让你的品牌活跃起来，与消费者对话，谈论你的公司和产品，同时激发消费者讲故事。

不要让社交媒体上的对话压倒你，并改变世人看待你和你的产品的方式。相反，你要确定对话的规则，并展开有效的讨论。

阅读本书之后，你会掌握讲故事的新思路，你的思维也会发生颠覆性的变化。无论是网上讲故事，还是在现实中讲故事，你都可以设定好故事的基调，让你的公司和产品走向成功的未来。

大家要铭记这句格言："大胆一点，勇敢一点，讲更好的故事，吸引更多的顾客！"

第三章
人为什么喜欢讲故事

如果顾客不喜欢你，那就不会欢迎你。如果顾客不倾听你，那就不会喜欢你。如果你一开口就是强调自己的产品优势，顾客就不会倾听你。

——路克·苏立文，《文案发烧》

我和大多数人一样，从孩提时代起就沉迷于故事。我记得，当时我非常期待周末，因为周末可以躲在地下室，花好几个小时阅读漫画和幻想小说，畅游在伟大的故事世界里。

然而，只有当我取得艺术专业硕士学位，并从事剧本创作的时候，才真正开始深入思考如何构思故事，以及故事在我们生活中有什么作用。这种分析似乎玷污了故事的光芒，却也让我更加深刻地感受到故事的力量。所以，现在，让我们闯入故事世界，并深入思考故事在日常生活各方面的意义和作用。

摆事实 VS 讲故事

从达尔文进化论的角度来看，较之摆事实，人类是不是更喜欢听故事呢？

下面我们回顾一下人类的历史，并假设一个命题——最初的人类分为两个部落，一个叫讲故事部落，另一个叫摆事实部落，那么，会怎样呢？

摆事实部落的首领托尼对他的子民说："喂，大家不要嘀咕了。如果不幸遇到狮子，你们要做哪些事情去摆脱危险呢？"接着，他列出了10件大事。

与此同时，丛林中几英里之外的地方，讲故事部落的领袖菲尔说："嘿，兄弟们，我有没有讲过我年轻时躲避狮子的故事呢？"然后，他继续讲述自己的故事，所有的子民都在全神贯注地聆听。

后来，这两个部落的子民都走进了丛林，遭遇到了狮子。当危险发生时，讲故事部落的子民立即回想起菲尔如何躲避狮子的故事，他们模仿了菲尔的行动，结果逃离了危险，并幸存下来。

同时，摆事实部落的子民看到了狮子，于是停下来思考：“嗯，我现在应该做的10件大事到底是什么呢，顺序又是什么呢?”他们努力回忆的时刻也就是狮子吃掉他们的时候。于是，他们的基因消失了。最后，整个部落也随之消失。如今，可以说，我们都是讲故事部落的后裔。

如果我们都是讲故事部落的子孙，而不是摆事实部落的后代，那么，这对于讲故事部落成员之间的有效沟通有什么意义呢?

本杰明·富兰克林曾经说过：“说给我听，我会忘记。摆给我看，我可能会记得。让我参与，我才会明白。”这就是讲故事部落中优秀成员的必做事项。你必须讲述一个听众也可以参与其中的故事。

我们人类如何进行信息串联，才能让自己陶醉其中，且记忆犹新呢?故事精彩与否，是不是观众理解、欣赏、积极反应并铭记在心的关键呢?

下面举个例子：我和著名的帕尼罗面包连锁餐厅有过一些合作。他们总是引进新鲜美味的应季三明治和沙拉。在菜单上列出新搭配的组合，是一件很容易的事，但他们知道，这还不够。于是，他们不断地讲述关于这些组合如何跻身于帕尼罗公司当前菜谱的行列的故事。据说，这家公司的网站上曾经有这么一段故事，其描述如下：“从厨房和烹饪技巧，到我们食物背后的灵感，都承载着我们在保鲜与烹饪美食过程中的故事。”

一个精心设计的故事可以改变观众的视野——他们如何看待你和你的公司，以及他们将来如何选择支配金钱和时间。当然，我知道，这听起来有些理想化了，但是，这也是事实啊。我们通过故事来表达现实，然后采取相应的行动。我们通过故事来自然沟通，并分享信息与观点。这就是故事如此高效的原因所在。所以说，故事就是我们鼓励、感动和启迪人们的最佳工具。就是这么回事。

例如，当益生菌饮料——康普茶——首次出现的时候，很少有人听说过这个茶名。这是一种古老的中国饮料，由绿茶发酵而成。瓶装康普茶的每个瓶子上都写着同样的故事——康普茶的起源故事。不是中国发明康普茶的历史，而是公司老板 GT 为罹患癌症的母亲制作康普茶的故事。母亲战胜癌症恶魔后，GT 决定将康普茶装瓶销售，以维持生计。他在瓶子上列出了茶的成分，不过，真正吸人眼球的是他的孝道故事。我也很感兴趣。现在，我和许多美国人一样，也被它迷住了。

后来，发生了一个有趣的法律事件。我不知道具体经过。但是最近，瓶子上的故事发生了变化。现在的故事是这样的："1995 年，GT · 戴夫先生开始在母亲的厨房里制作装瓶康普茶。"故事不再提及他母亲与癌症做斗争的故事。我可以想到的唯一原因就是，原始故事的表达间接地告诉大家，这种产品可以攻克癌症，因而可能引起法律索赔。所以，考虑到法律和品牌权益问题，他们修改了故事，也保护了品牌。这是一个很好的教训，故事的力量不可小觑，但是，如果没有提前洞察故事中的瑕疵，那就可能会造成潜在的伤害。

从生理学的角度来讲，人天生喜欢故事。从遗传学的角度来看，我们注定要讲故事或听故事来达到学习目的。在幻灯片出现之前，在书籍出现之前，甚至在任何形式的书面语言出现之前，人类如何学习呢？当然是靠故事来帮忙啦。

我们也曾见过象形图和洞穴图，不过，似乎大量的信息都是通过口头讲故事流传下来的。文化智慧的宝库也是由善于讲故事的人传承下来的。即便是在没有人讲故事的时代，部落中的老人也会围着篝火或壁炉给年轻人讲故事，打猎的时候也会讲故事，以达到告知、教育和娱乐的目的。那些倾听故事并从中受益的人幸存了下来，繁衍生息，代代相传，于是，后人便吸收和记住了这些故事。

因此，人类的进化过程就是故事的演变过程。请叫我们"讲故事的人"吧。

感性一点也无妨

为什么讲故事受欢迎？为什么故事很奏效？为什么讲故事有用而摆事实不灵？

简而言之，故事讲的是非理性、无意识，以及我们所有人的情感问题。这是非常重要的，因为我们很清楚，人们受到非理性冲动的影响要比我们想象的多。当丹尼尔·戈尔曼提及他所谓的“根本领导力”时，谈论的就是这个问题。戈尔曼说：“伟大的领导者可以打动我们。他们点燃我们的激情，激发我们表现出自己最好的一面。当我们试图解释领导力为何如此高效时，我们就是在谈论战略、愿景或强大的思想。但是，现实更加重要：伟大的领导力通过情绪来发挥作用。”

讲故事就是培养情绪的好方法。

当然，我们常常以自己的聪明、理性和智慧而感到自豪。我们相信，我们所做出的决定是合情合理的。我们明智地考虑事实，从而得出合理的结论。我们相信，我们的记忆是准确的，我们可以毫无偏见地观察任何事物，始终会得出深思熟虑的客观决定。

可惜，我们全都错了！彻底错了！今天，科学研究的发展表明，我们想的和做的很多事情都与理性、逻辑、有意识的思想无关。毕竟，做决策不是那么简单的事。

对于那些部分大脑受损的人的研究表明，他们基本上无法做出深思熟虑的决定。实际上，他们也没有正常人的行为能力，无法过上正常人的生活。他们不够理性，也不是善于决策的人。他们花几个小时做的简单决定，我们正常人几秒钟就能搞定。

比尔·伯恩巴克是文案界的传奇人物，也是我心目中的大英雄。他曾说：“你可以准确地描述一个产品，但没有人倾听你。你的话必须直击人们的心灵，引起他们的情感共鸣，否则，就起不到任何作用。”（网址：http://www.brainyquote.com/quotes/authors/w/william_bernbach.html）

奥尔森·左特曼研究咨询公司的战略计划主管——卡佳·布列塞特女士曾经写过一篇出色的文章，名叫《揭开隐秘的心灵世界》，里面还配有精美的插图。在这篇深思熟虑的文章中，卡佳用故事和案例表明了自己的观点。事实上，关于心灵如何运作的问题，她引用了5个相互关联的观点，它们是行为科学发展的产物：

- 95%的人类思维和情感发生在无意识的时候。
- 人类在神经刺激（神经图像）中思考，而不是在言语中思考。
- 隐喻思维是基本的心理过程。
- 故事是学习知识、了解世界和表达自己的必备步骤。
- 情绪对人类如何思考、行动和解释世界万物至关重要。

我可以听到唱反调的人插嘴：“等一下，哥儿们。这是在摆事实，而不是在讲故事。”

是啊，她的文章中有故事，但在这种情况下，卡佳选择罗列事实，以传达文章的核心内容。我也赞成她的写作思路。我认为，这篇文章是摆事实胜过讲故事的典型案例。卡佳撰写的是一篇学术文章，而不是促成一次性买卖的推销广告。对于她的特定观众来说，这是正确的选择。不过，我必须提醒一下，读者们不太可能记住这篇文章中罗列的事实。

最后，我要说，无论传达信息的途径是摆事实还是讲故事，大家必须承认，我们的潜意识影响到了生活中的方方面面。

下面举个例子。你经常一边开车一边打电话吗（我希望你用无线耳机）？当时，你是不是开了20里路却没有意识到自己在开车呢？在这段时间里，真正的潜意识就是在开车。你在无意识做了一系列的动作——转弯，刹车，避开障碍，一路畅通地往前开。一直以来，你的意识忙于电话交谈，而没有意识到自己在开车。

在日常生活中，潜意识影响着人们的许多行动和选择。那么，如何培养如此重要的潜意识呢？我们可以通过隐喻和故事来开发潜意识和情感支配的区域——也就是某些人口中的“爬虫类脑核”。

卡迈恩·加洛在其著作《像 TED 一样演讲》中，分析了数百次 TED 演讲。在阅读了所有这些演讲稿之后，他发现，最成功的几场演讲就是“65% 的情感，25% 的理性，外加 10% 的品格”。是啊，优秀的演说家必须搜集真实的信息，树立正确的价值观。但是，提升销售业绩和增加顾客黏性的关键在于销售人员背后的驱动力。既然情感因素如此重要，那么，你必须让情感升温，让自己感性一点。

故事驱动

还有一本精彩的书，名叫《冲动》，探索了人性和冲动。作者是哈佛商学院教授保罗·劳伦斯和尼尼·诺里亚。书中写道：“故事是人类记忆的基础。人们在脑海中建立一条故事线索，回忆一个事件，同时可以触发下一个事件。因此，人类传递知识的主要途径是讲故事。”

诺里亚和劳伦斯正在研究人类冲动对市场营销的影响。不过，他们研究的事情需要讲故事的人去完成，因为越了解冲动因素的人，越善于讲故事。如果你真正了解人性，就会更好地了解你的员工、顾客、潜在客户，甚至故事中的人物动机。

真相不一定比故事有趣

人类历史不是一张白纸，也不是容不下半点沙子。如果你不相信我，请你带几个孩子回来找我。当几个基因和社会背景各不相同的孩子看到蛇或者听到狮吼时，都会吓得往后退。当你看到这种场面时，就会清晰地明白，我们都有一些先天性的无条件发射。

善于沟通的人会明白这一点，他们总是争当“POSR”。换句话说，他们总是喜欢做下面的事情：

延时思考，保留意见（Play Off Stored Responses）

例如，有一名会讲故事的律师。这位伟大的诉讼律师总是在考虑一些问题，例如，什么样的语言和故事在他们所在的司法管辖区最有影响力。陪审员们有哪些无意识的偏见？他们可以在观众心目中留下什么印象？陪审团成员们有哪些情感包袱？他们如何利用或消除这些情绪呢？

伟大的广告和营销高管也是如此。他们一直在严格地研究目标市场，并给观众提供具体信息。如果你了解观众，知道如何与他们说话，那就一定会成功。

会讲故事的人也是如此。你必须一直关注观众。你必须始终考虑什么词该用，什么词不该用。而且，你一定要根据听众的喜好来选择你要讲故事的类型。

你不能以这种态度来强化你的故事——“我是对的，我知道真相，所以我要强迫观众接受这个真相，他们将会完全接受这个真相，并爱上我和我的产品与故事。”高效的商业人士知道避免这种态度——无论他讲的故事多么智慧与令人叹服。

你知道生活中的 F4 吗

虽然每个人都可以根据个人经验而保留某些意见，但依然存在其他的人体反应——更加内在，并深深地扎根于我们的心中。

善于沟通和讲故事的人会直观地知道，人类的冲动源于四件事——食物（Food）、行动（Flight）、奋斗（Fight）和生育（Procreation）——额，鉴于“Procreation”的“P”和“F”有点像，为了加深记忆，那我们就暂且称之为“F4”吧。

大家可能不知道，我们的冲动也来自先天释放机制（IRMs：Innate Releasing Mechanisms）。F4 不言而喻，我不用多加解释，但是，IRMs 鲜有人见，我有必要解释一下。

本质上，IRMs 是对我们所经历的某些事情的自动回应。例如，正如我刚才提到的那样，当某人第一次看到蛇或者听到狮吼时，必定会吓得一回头，身子也开始颤抖。我们的大脑不限于一系列学习的反应。有时，这些反应是由扎根于我们大脑中的信息而触发的。

作为一名剧作家，我有幸见到了人类的这种天性。我写的戏每每上映时，我都会去剧院观察观众的反应。在观察过程中，我会从观众反应中获得很多信息。

要知道，观众的眼睛是雪亮的。如果他们观看的时候目光呆滞，我就立刻明白，我需要做大规模的修改，还需要快速地润色。如果是喜剧，他们观看时不笑，我就立刻明白，我需要提前一晚加班熬夜重写剧本，我要精心编造很多新的笑话，直到完美为止。

无论是作家、演员，还是商人、广告主管、人际关系专员，只要你是在争取观众，就可以利用同样的方法。如果他们不明白你的故事，那么，这不是他们的错，因为观众永远不会错。你只需要修改自己讲故事的方式就可以。观众的工作是聆听和消化，但是，作为讲故事的人，你的工作就是与他们建立情感联系。

你的工作就是讲一个引人入胜的故事，让听众欲罢不能的故事。如果理想的话，每次你分享新故事的时候，他们会迫不及待地听你讲下去，因为他们知道，你要讲一个精彩引人的故事，他们会津津有味地听你讲故事。

我发现，有一个困扰众多顾客的问题出现了——营销人员是说服顾客相信自己有某种需求，还是顺应消费者自己提出的需求呢？我会再次提及比尔·伯恩巴克的智慧箴言：“我们总是忙着探测公众的反应，却忘记了我们还可以塑造大众反应。我们总是忙着听取统计数据，却忘记了我们还可以创造相关数据。”（网址：http://www.azquotes.com/quote/684037）

我喜欢这句话，因为它有助于我们遵循自己的营销本能。统计和营销研究是非常有用的工具，但其本身并不是目的。它们只不过是一种手段，用以编造一些强大有效的信息——让你脱颖而出，独树一帜！

在继续讨论其他问题之前，我感觉有必要再次分享一下伯恩巴克的话：“我们的工作就是销售委托方的商品，而不是我们自己的产品。我们的工作就是掩盖自己的聪明才智，突出产品的光芒和魅力。我们的工作就是简化程序，扯去不相关的东西，拔去掩盖产品优点的杂草。”（网址：http://www.brainyquote.com/quotes/authors/w/william_bernbach.html）

因此说，任何好故事，任何好信息，无论多或少，都要以一种原创新颖的方式传递下去，这样才能与你的客户并驾齐驱。

体验故事让你受益无穷

总而言之，无论我们是读杂志、看电视，还是参加公司会议——换句话说，无论场地如何——都有必要考虑人类在传达信息后如何存储信息。

首先，如果有人研究记忆、学习和神经认知理论，他就会得出明显的结论：信息获取成本高，存储成本高，而且检索成本高。不言而喻，人类的记忆可以重塑，但需要考虑到环境因素。因此，从神经认知角度来看，与环境相关的信息更容易被人记住。

假设你是公司中的一员——你的公司希望增加观众并吸引更多观众参与，

请联系市场和销售环境来思考这些诉求。罗布·沃克的营销报告《买进》旨在展示：通过理性手段，很少可以促使顾客选择有价值的产品。相反，人们在选择特定产品时，往往会听从卖方讲述的私人故事。沃克说："成功的品牌能够为消费者创造某种意义，此处的'意义'二字，取决于个人对品牌的体验。如果成功的话，这个品牌将会为消费者的一生保驾护航。最终，这个品牌让他们终身受益。"

那是我们的本职工作。我们写故事来赋予我们生命的意义。我们因故事而冲动，甚至会编造无生命物体的故事，比如，可乐罐或泡芙！这些故事很有说服力，将会与我们同在，甚至超越瓶子或包装上的保质期。

试想一下，当你走过超市过道，眼前陈列着各种各样的早餐谷物时，你为什么选择这一盒而不是那一盒呢？当然可能有价格问题，但是，如果大部分早餐的价格差不多，那么，普通消费者会如何区分呢？

于是，他们在选择不同品牌的时候，脑海中会浮现出一些积极或消极的体验故事。

例如，我喜欢吃格拉姆斯早餐麦片。事实上，格拉姆斯早餐麦片虽然属于健康食品，但它和许多其他早餐谷物一样含糖。我之所以迷上它，是因为我喜欢一打开包装袋即可食用的感觉，可以快乐一整天。因此，当我面对这种选择的时候，其实并没有真正在考虑，而是想找回年轻时代的无忧无虑和快乐时光。

只会列提纲的机器人

接着，又出现了一个问题——如果故事在传播信息方面真的很给力，那么，为何这么多人和公司依靠列提纲和幻灯片来传达重要的品牌信息呢？

幻灯片是一种技术进步，但与故事相比，它已经过时了。幻灯片强调的是列提纲，批量展示信息，绘制饼图、统计图和塔式图，直观形象，生动有效。

但是，这些因素本身可能会让幻灯片压制我们讲故事的冲动。

实际上，可能有人会认为，幻灯片最大的缺点就是让观众的注意力集中在屏幕上，而不去关注说话的人。就是因为如此，幻灯片破坏了讲故事的核心目标：加强与观众的关系。因此，这样做的结果是脱离观众，而不是联系观众。

此外，幻灯片是否迫使我们只考虑自己正在演示事项的简单列表？我们的想法是否已经陷入所列提纲的狭窄范围？这样是否限制了我们观看幻灯片的角度，阻止了我们讲故事的潜能？列提纲与讲故事是背道而驰的。这样可能会妨碍你发挥自己渴望的情绪感染力，同时会关上观众的想象力，而不是促进和提升他们的想象力。

如果我们继续列提纲，
有一天，我们会成为机器人，
思考与交谈都要受到提纲的约束。

卓越的战略规划师马丁·威格尔也如此提醒我。列提纲就是在列表——不断地列表。从本质上来看，它具有限制性。提纲会破坏过去的一切精彩演说。事实上，任何精彩演说都包含着情感成分，这是提纲无法囊括的内容。实体演示可以归结为若干提纲，但情感可不是这么简单的东西。

假如马丁·路德·金在《我有一个梦想》演讲稿中列了提纲，会收获更好的社会效应吗？假如林肯在《葛底斯堡的演说》演讲稿中列了提纲，又会怎样？某些信息可以列成提纲，但是，你认为，观众会买账吗？

在客户、消费者或股东面前卖力展示幻灯片，就可以传达你需要的情感信息，让你吸引观众，并保住工作吗？简答扼要的提纲挈领能像发自肺腑的真情故事一样引人入胜吗？

写到这一章节的时候，我停下来休息了一下，还查看了一下电子邮件，看到了一个关于亨氏番茄酱的弹出广告。亨氏番茄酱是我一直青睐的产品，我尝遍了很多番茄酱，最后却唯独迷恋上了亨氏。我喜欢它的和谐味道，吃薯条、热狗或汉堡包的时候配上它，真是美味极了。从孩提时代起，我吃饭的时候就喜欢浇上瓶装番茄酱。有人嘲讽我："嘿，番茄酱小子，在番茄酱上放一些炸薯条，怎么样?"

当我看到亨氏番茄酱的广告时，禁不住笑了——因为我想到了与这款产品之间的所有美好回忆。于是，我决定进一步探索下去。

这则广告提到了亨氏赞助的一场幸福感大赛。真是精彩！当我吃饭时，亨氏番茄酱让我开心，我渴望继续研究下去。我认为，亨氏正在努力探索幸福感，让自己在各类竞争中脱颖而出。我想，这是一个好主意。我急切地点击了链接，等着看接下来会发生什么。

真倒霉，网页连接不上。于是，我打开浏览器，输入了亨氏番茄酱的网址，访问了其网站主页。接着，我点击"公司介绍"，看到了类似于下面的页面（简洁起见，我做了修改，只想把提纲展示给大家）：

亨氏一览

- 亨氏集团成立于夏普斯堡。
- 亨氏产品市场份额排名始终在前两位……
- 亨氏集团排名靠前的 15 大实力品牌占据了……
- 亨氏集团每年出售 6.5 亿瓶传统风味的番茄酱。
- 亨氏是一个富有责任感的企业……

现在，所有关于亨氏的信息听起来都不错，但是，随着时间的流逝，作为消费者，我无法长期记住这种类型的提纲挈领。这种提纲没有温度，坦白说，有点让人不爽。这似乎与品牌的幸福感理念背道而驰。

不过，我在网页的另一块看到了一个醒目的故事。如果你点开那个网站，就会看到一个关于亨氏家族的故事。它介绍了亨氏对于美食的热情，以及关注营养和心爱之人的故事。这些言谈不亚于最优质的食物，以及亨氏家族的百年历史。它还在故事的结尾处邀请我们去了解更多亨氏的信息。

这样就好多了。虽然不是一个感人至深的现实故事，但至少撒上了一些情感的种子。我认为，讲述家庭琐事，可以创造出一些真正令人振奋的品牌故事，从而引领与消费者进一步的互动和联系。此外，这也有助于亨氏品牌和消费者都更加接近幸福感。

此外，我观看了他们公司的视频，很明显，亨氏正在做一些慈善事业，资助贫困地区忍饥挨饿的孩子们，这也没有在提纲中得以展示。

所以，列提纲的时候，务必小心谨慎，还要重新评估幻灯片演示中的效果。如果下次演示幻灯片的时候，发现里面全是图像而没有文字，你会怎样？如果你在当众播放美丽图像的时候开口讲故事，让故事与观众共鸣，结果会怎样？

或者，如果你关掉了投影机，除了观众的想象之外，没有任何视觉辅助工具，然后你讲起了新产品的故事，效果会怎样呢？

这是颠覆性的做法——尽管在笔记本电脑或数字投影机出现之前的几百年里，人们就是这样在公司董事会和销售会议上做报告的。

你不必如此虚度年华——充当只会列提纲的机器人。你可以马上开始重新思考如何使用幻灯片作为众多演示工具之一，向你的员工和潜在雇员，或者顾客和潜在客户传达令人信服的精彩故事。

请确定故事及主题的先后顺序，并探索随后的其他内容。如果你真的把这些戒律牢记于心，那你甚至可以重写后续的故事以及故事的续集。

我不是说，你永远不要列提纲，但请谨慎使用。列提纲的时候，请考虑使用它来服务更高的目标——讲述更庞大的故事，表达更伟大的主题，传递更丰富的信息。

请细细研究每个幻灯片。每个幻灯片上都有大量的信息吗？你可能认为，信息量大是好事。但事实上这很难处理。因此，它不但没有引人入胜，反而疏远了你的观众！

幻灯片的形象很好吗？所有的幻灯片都应该画面生动，引人注目。

幻灯片上的文字要少于7个吗？少即是多，物以稀为贵。因为幻灯片不是用来阅读的，它只是你要讨论话题的跳板而已。记住：不要期待观众们关心幻灯片，而是让他们关注你的信息！

幻灯片上提出的问题精彩吗？你的观众有耐心聆听吗？他们想知道答案吗？幻灯片应该吸引观众渴望更多的信息和思考更多的方案，如此引导观众聆听你的演说、研究你的产品、获取你的答案！

讲故事的黄金法则

到目前为止，大家应该明白，只是罗列信息的提纲或列表，缺乏精彩的故事和生动的人物，不会引起任何情感共鸣，因此也不会让观众难以忘怀。

同时，为了更好地接触潜在客户，请大家关注一下我讲故事的黄金法则——这是几十年来，我与学生和观众分享的成功秘诀。其实很简单，请看下文：

一个迷人的角色
积极克服
巨大的障碍
从而达到理想的目标，
如此一来，情况便有所好转。

这是所有故事的目标。这是黄金标准。这是所有品牌故事应该追求的理想状态。

你需要讲一个故事——迷人的角色克服巨大的障碍，从而达到理想的目标，并希望沿途的情况有所好转。（障碍越大越危险，故事就越引人入胜。）

如果你做得很好，你的观众会记住你和你的故事。请和小说家、律师、市场主管们商量一下，如何将这个黄金法则用于500页的图书、3小时的审判演示以及30秒的电视广告。我知道，无论何时，只要你运用该法则，就可以成功地传达故事。

我会在这本小小的入门书中介绍一系列案例，并展示黄金法则的普及过程。我合作过的所有公司都运用该法则来推销各种消费产品——从肥皂和洗发水到运动鞋和面包。

因此，请不要只是简单探讨你的产品或服务如何具有成本效益或环保上的技术进步，而是要讲述消费者的具体故事，因为他们的生活因你的产品或服务而有所改善。

如果你做到了这一点，我们——你的观众——将会关注你。我们将与你建立情感联系，就像运动明星与忠实粉丝，或者大型餐厅与热心顾客建立情感联系一样。

这是一个可行的目标——如果你通过正确的沟通渠道来讲述自己的故事，而且讲得很好，或者你精心策划，把信息串联成系统的故事链，那就可以改变世界对你、你的品牌和你的公司的看法。

在本章结束之前，我想分享一下最近与凯西·科帕斯进行的关于品牌故事的谈话。下面是她的一些想法：

我：你怎么看今天的品牌故事？

凯西：我认为，我们在消费者行为研究中始终看到的一件事就是：在日益孤立的人际社会中，人们都在奋力追求一种无形物——归属感。通过故事，可以轻而易举地加深志同道合者们之间的亲切感。

我：你如何创建品牌故事，尤其是在社交媒体方面？

凯西：社交媒体可以促成重要的日常生活经验，并体现和提升品牌特征。我喜欢创造网络故事，就像一个虚拟的壁炉——众人围坐在一起，彼此分享的故事，揭示普遍的人性，促使人们对产品支持并产生归属感。而且，这种归属感如同星星之火可以燎原。

我：营销人员可以掌控品牌故事吗？

凯西：我认为，任何营销人员都可以做到。在这种氛围中，无论消费者如何窜改品牌故事，也都是徒劳。高效的市场营销人员或交流专家应该为品牌故事创造有效的空间，以便故事自然而然地诞生。

我：你如何定义品牌故事？

凯西：我将品牌故事定义为——可以培养消费者对产品的归属感，发现和酝酿积极的产品真理，并亲密接触同类用户的故事。

我：你能谈谈自己心中最有效的品牌故事是什么样的吗？

凯西：产品或服务如何积极具体地影响日常生活的故事。它不仅是个目标明确的、能引起共鸣的、与人际交往相关的故事，而且是帮人们建立归属感、体味情感，同时情况好转的故事——从疾病到健康，从缺乏到丰富，从孤立到包容，从绝望到期待，它照亮了人类渴望的其他人性话题。

我：你可以谈谈，在网络和社交媒体时代，品牌故事经历了哪些变化吗？

凯西：更多的是开始有效地揭示现有消费者的故事，让他们轻松愉快地分享产品在竞争中脱颖而出的原因。这是给潜在客户的唯一的完整信息。在这种氛围中，其他任何事情都显得不得体、引非议，甚至具有约束感。如今，我们正在进行的信息管理，就是要打破所有等级的销售观念，寻找和提供真实的故事，这非常有效。

我：你在创造品牌故事的时候会遵循具体的流程吗？

凯西：那会有所不同，要取决于产品、服务或处境。但我认为，最好的品牌故事来自产品或服务用户的自然口碑。有时，我们最好的策略就是创造一个虚拟的壁炉，让彼此分享故事，互相聆听最真实有效的故事。这样，我们便成了实实在在的故事载体，以及品牌真理的提供者，而不是试图兜售的营销人员。

——凯西·科帕斯

印第安纳州新奥尔巴尼通信服务公司老板

第四章
品牌故事与情感共鸣

将来，只生产实用产品不足以吸引客户。我们必须创造故事或传说，以体现产品超越实用的价值观。如今，故事可以缔造我们的感受，驱使我们购买某个产品，这就是大势所趋。

——未来学家罗尔夫·詹森

现在让我们深入探讨和思索人们购买某种产品的动机，以及促使消费者不断做出决定的具体故事。为什么我们会选择购买这款产品？达成交易的决定性意义是什么？故事在这里又扮演着什么角色呢？

现在，让我试着回答上面的问题。大多数人把营销视为无关紧要的因素。他们会这样说："我们的营销策略没有带来任何销售业绩。"唉，又在指责营销的效果了。负责销售业绩的应该是促销啊。营销的首要目的是撑起销售量——传播产品的独特优势、讲引人注目的故事、建立品牌形象，并为销售功能创造交易机会。

这里有一个公认的营销公式——AICP。每个人在购买产品时都会经历这样的过程。

- 意识（Awareness）
- 利益（Interest）
- 考虑（Consideration）
- 采购（Purchase）

待售产品必须具备独特的优势。针对新的客户，我常常会做一些简单的测试：首先，我会接受他们的广告、小册子或任何印刷品，然后，贴上他们竞争对手的商标。如果他们的印刷品文案也适用于竞争对手的产品，那么，显而易见，两家公司的产品差异不够大。如果是这样，那两家公司都不占据销售优势，不能影响人们的购买选择。

买与不买，需要理由吗

如果你问人们为什么选择某个产品、服务、候选人或团队，他们可能会试图给你一个合情合理的好解释。

“这比较便宜。”

“看起来更漂亮。”

“她有资格领导这个城市。”

“他们有一位顶尖的教练。”

但是，人们做出选择的真正原因并不完全取决于这些答案。对于消费者购买的许多产品和服务，以及其他东西，还有更为微妙的理由在起作用。

根据功能或价格来区分产品或品牌的时代已经结束了。你不能只是说：“两者的区别在于，我们的产品更便宜一点儿”或者“我们的优越性在于，我们的产品有着特殊的有机分子组合”。那些复制品并不能搞定所有的消费者——群众的眼睛是雪亮的。

就拿我在深南的一个旧友来说吧，他是一位农民，对可口可乐的热爱程度无法形容，即便百事可乐的价格是可口可乐的一半，他也不会喝百事可乐。当我问他为什么有如此癖好时，他告诉我：“百事可乐让人胃不舒服，我感觉，胃癌患者都是因为喝了百事可乐。”

然后，我给他一瓶山露汽水。他说：“不，老兄，你不能糊弄我。这是百事可乐的产品，我不会喝的。”

那么，这究竟是为什么呢？我不得不承认，我起初有点困惑。于是，我了解了一下他的过去。他是佐治亚人，从小成长在可口可乐的故乡——亚特兰大附近 80 英里的地方。他在一个没有人喝百事可乐的环境中长大。他童年最美好的回忆都融进了那一罐罐或一瓶瓶可口可乐里。他的家庭聚会时只喝一种软饮料，猜猜看，是什么饮料？恭喜你，答对了，就是可口可乐！

因此说，人们购买某种产品是为了自我表达，为了有一个好心情，有安全感和满足感，为了体现自己有多独特，与他人相处有多融洽，还有许多其他的潜意识因素。但是，所有这些加起来，便构成了一个真正原因：人们购买产品的目的是为了赋予生活更大的意义。

许多无形的因素——例如，回忆、厂家的传闻或真相、别人的意见或错误观点，甚至是消费者对产品的真实感受或虚假观念——都会对客户购买产品和品牌忠诚度产生巨大的影响。

还记得耐克在国外雇佣童工制作运动鞋而引起的骚动吗？我知道，即便耐克整改了好几年，如今仍有人不愿购买任何耐克产品。

情感共鸣的巨大力量

具有价格优势的品牌可能被简单地廉价出售。具有性能优势的品牌可能受到技术开发的束缚。但是，具有情感优势的品牌可能具有永久的市场潜能。

——唐·考利，《了解品牌》

在这个媒体发达的时代，消费者每天平均遭受数千条消息的狂轰滥炸，那么，如何创造真实的情感共鸣呢——特别是当消费者如此忙碌、疲惫和不堪重负的时候？

你可以这样思考：如果产品是没有情感的东西，那么，品牌就是产品的心脏，充斥着情感的脉搏。只有故事——品牌故事——才能创造人们与品牌之间的情感纽带，并让双方彼此相连。这就是我所谓的“情感优势”。

换句话说，人们购买某种产品的原因是该产品引起了他们的情感共鸣。如果你会讲述精彩的品牌故事，让人叹为观止，那么，猜猜看，人们在超市挑选产品的时候会怎么做。

从本质上讲，精彩绝伦的品牌故事可以躲避人们的防备，偷偷溜进他们的心里。因此，如果你能精心设计出目标明确的品牌故事，那将会产生巨大的力量。你可以成功培养口碑和品牌忠诚度，甚至为品牌代言。

请注意：情感优势在任何品牌故事中都很重要。繁荣的市场尤其注重品牌故事的方向。换句话说，如果你在市场上推出第一款 MP3，那你需要讲述一个以知识为基础的故事，为消费者提供有关产品功能（和优点）的巨大信息。

然而，如果你在市场饱和 10 年后推出一款新 MP3，那你不需要介绍它的功能。在这种情况下，你只需要讲述新 MP3 胜过其他播放器的优势。消费者已然知道 MP3 的作用。现在，他们只需要知道你的 MP3 具备哪些独特的情感优势。

下面再举个例子。如果在市场上推出第一批可口可乐，你需要让人们了解可口可乐的味道和品质。然而，在今天，人们已然知道可口可乐是什么，也了解可口可乐的一切，你只需要说出这个产品的情感优势就可以了。

回想一下，可口可乐如今的广告是什么？它的广告不涉及优惠或价格，反而似乎更关注幸福感。百事可乐也没有谈论价格或味道，而是侧重于青春活力。所以，我认为，可口可乐正试图让人们拥有幸福感，而百事可乐则试图让人们拥有青春的快感。

又一个感人的好故事

我有一个朋友，他的妻子喜欢珠宝。她真的很喜欢珠宝。幸运的是，她喜欢的不是金子和钻石，而是银子和半宝石，比较便宜。

几年前，这位朋友在曼哈顿发现了一个珠宝店，专门批发出售打折的半宝石和银饰品，而且都是他妻子喜欢的类型。所以，他知道，每当她的生日或他们的结婚纪念日临近的时候，他该做什么。

在他赠送给她的所有礼物中，她最喜欢的就是一个银链手镯，上面镶了 20 多颗大红宝石原石。每每戴上这个手镯的时候，她都会开心好一阵子——

硕大的深色红宝石在她的手腕上闪闪发光，很是漂亮。

他们的生活一直很美满，直到有一天，她下班回家，发现手镯上掉了一颗红宝石。不见了！消失了！永远失去了！

因为这是她丈夫购买的手镯，所以，她让丈夫把手镯送回珠宝店，镶一颗相称的新宝石。丈夫按照妻子的指示，再次前往纽约……

时间飞逝。生活在继续，日常生活的扰攘让他们忘却了手镯。后来，他去曼哈顿参加一次会议，他提前一星期对她说："你知道，我在纽约有一个会议，如果你想的话，我可以去帮你取一下红宝石手镯。"

她立即应道："好啊，我当然想。如果你不介意的话，那就麻烦你了。"

他打电话给珠宝商，说："我几天后会到纽约，我妻子要我来取回她喜爱的手镯。"

珠宝商沉默了一会儿，说："先生，我想，我已经把手镯还给你了。"

"哦，不，我妻子说，手镯还在你那里。"

接下来是一阵漫长的停顿。最后，珠宝商说："嗯，可能是我弄错了，让我想一想，也许手镯在维修人员那里。"

事情不容乐观。我的朋友没有收据，他可以肯定的是，珠宝商不知道手镯在哪里。他进一步探问珠宝商："可是，我只会在纽约待一天，我的妻子急切地希望我能帮她拿回手镯，所以，我打出租车去你那里的时候，你真的可以为我准备好手镯吗？"

"当然可以，先生，"珠宝商说，"别担心，我保证，当你到达的那一刻，手镯一定会在这里等着你。"

第二个星期，我的朋友来到了珠宝店。当他走进店里的时候，珠宝商微笑着把手镯递给了他。当天晚上，他就坐飞机回到家，把手镯交给了妻子。

她非常激动，甚至不知道手镯上的哪颗宝石是新镶上去的。晚上睡觉之前，她想把手镯存放在一个安全的地方，于是，她取出自己的首饰盒。当她准备把新手镯放进盒子里的时候，突然发现，以前修复的手镯已经在那里了——

藏在了盒子底部另一个手镯的下面！

是的，几个月前，那位珠宝商确实已经把手镯邮寄给她了。朋友的妻子已经收到了，为了确保安全，她立即把手镯放在了首饰盒里。后来，她就把这事彻底忘了。

我的朋友和他的妻子都自觉惭愧。他立即打电话给珠宝商，并一再道歉。第二天早上，朋友用联邦快递把那只手镯寄还给了珠宝商。

珠宝商承认，自从朋友打电话给他的那一刻起，他就知道自己已经修复并归还了那只手镯。但是，我的朋友坚持说没有收到手镯。于是，珠宝商免费给他做了一只新手镯——只是为了不要失去这位不错的客户。

如此虔诚的服务态度让我的朋友彻底震惊了。从那以后，他就成了这家珠宝店的终身客户。而且，你知道吗？他在纽约购物的时候，反复跟人讲起这家小商店的故事——多么令人惊叹的服务态度！

如果你不相信，那就到百老汇珠宝专卖店和纽约市 29 号街去瞧瞧吧！

不收广告费的“代言人”

这个红宝石手镯的故事是故事效应的典型案例。在服务消费者行业，你要善于打造自己品牌的忠实推广人。你用非凡的客户服务对待顾客，让他们心甘情愿地满世界传播有关你的梦幻般的客户关怀。你只要坐下来观看客户变身粉丝的场景就可以了。

如果你能保持下去，几年之内就可以拥有一批充满激情的忠实“代言人”（品牌推广大使的代名词），他们会向世人传播你的品牌魅力。

但是，表象之下到底发生了什么呢？你如何解释和定义一个朋友从普通顾客到推广大使的转变契机呢？我认为答案在此：激情源于积极的互动。令人难忘的情感体验诞生了忠实的推广大使，他们怀着满腔热情，把你的品牌故事传播到世界各地。有人讲述积极的故事，带给人们积极的体验。于是，这个故事塑造了良好的口碑，如星星之火可以燎原，也如病毒视频一般广泛传播。在这个过程中，没花一分钱的广告费。是的，这是每个店主的梦想。

如今，产品优势越发不明显，客户几乎无暇去筛选海量信息，从中选择最佳产品。此时此刻，情感纽带十分关键，它能让你的品牌脱颖而出，并建立长期的客户忠诚度。

实际上，有时消费者购买你的产品不是因为你做了什么，而是因为你为什么做和如何做的过程。换句话说，他们买的是你的故事。

那么，各个大小公司如何适应这样的潮流呢？其实很简单。每家公司都必须创造自己的品牌故事，让全国人民激情澎湃地关注该公司及其产品。不过，故事必须覆盖该公司产品的核心信息和主题。

让客户成为故事中的主角

令人叹服的故事也在变化。它们具备情感吸引力，是人类成长和变化的路线图。我们会因为故事中人物的改变而感动。我们与他们一起成长、学习和改变。

这就是故事的作用。这就是为什么我们会被故事所吸引。这就是为什么我们无法忘记那些故事。故事可以把杂乱无章的信息融为一个有机整体。在幻灯片时代，仍然是故事与我们同在。故事中的根本价值观会让消费者产生情感共鸣。就像一部电影会让我们流泪，一个电视节目会让我们欢笑。例如，我十几岁的时候，与父亲一起看了《蜜月中人》，我俩都在嘲笑局中人——亚特·卡尼和杰基·格里森饰演的角色。我们分享了彼此对这部电影和角色的喜爱之情，这样做也促进了我们的父子情。

故事可以影响我们，是因为我们在聆听或观看精彩故事的时候，没有把自己当外人。我们被吸引了进去。在一场精彩的演出中，我们跨越舞台的门槛，成了故事中的主角。在一部伟大的小说中，我们钻进了字里行间，成了故事的主人公。在一部优秀的电影中，我们穿过了屏幕，融入了故事的场景里。在一则美好的广告中，我们的思绪飘离了现实生活，栖身于品牌故事中。

故事还具备转移情绪的力量。这在一系列关于脑化学性质的神经认知研究中已得到证实。这些研究表明，就大脑中的化学反应而言，自己坐着失控的过山车与看电影中的人坐着失控的过山车，二者之间没有区别。在这两种情况下，颞皮质中的扁桃体都会发生相同的化学反应。这时大脑没有区别虚拟和现实的能力。

独乐乐不如众乐乐

贾科莫·里佐拉蒂博士是提出“镜像神经元”概念的第一人。这一理论进一步强调了讲故事的效应。镜像神经元可以让我们在精神上呈现或复制别人的行为，这为我们观察孩子的学习过程提供了线索。观看、聆听、模仿是学习过程中最重要的环节，他们能够做到这一点，是因为大脑中的镜像神经元可以根据某些外部线索而发射信息至相关器官。

在讲故事的过程中，这意味着什么呢？如果你思考、阅读、聆听或在屏幕上观看一个故事的时候，镜像神经元就可得以激活，如此，便可以引起我们的情感共鸣。如果我们的所见所闻真实可信，那么，我们会感觉自己与故事或故事里的元素息息相关。

去电影院看电影，如果不是看电影本身，而是观察观众看电影的反应，这样做，就会看清镜像神经元的作用。电影制作也是利用了人类依赖于镜像神经元的特点。我们看到屏幕上的图像，感觉它们就像真实事物，因此，我们自身也会产生微妙的反应。我们人类就是在这种进化方式中生存下来的，这是情感共鸣的效果。如果我们可以体会别人的感受，就会伸出援助之手，就这样，一代代繁衍进化下去。

镜像神经元可能会以不同的方式来帮助人类这种社会动物生存下去。比如，它可以帮助人们在团体中发展协调性动作。又如，孩子可以模仿父母，学徒可以模仿师傅学习手艺。但是，为什么孩子不可以学习其他孩子，学徒不可以学习其他学徒呢？如果大脑是由善于模仿的神经通路构成，难道这样不能促进学习吗？

于是，你坐在了电影院，观看别人看电影的反应。他们在做什么？当人物在屏幕上哭泣时，观众会干什么？当人物在屏幕上欢笑时，观众会干什么？看到动作场景时，他们是紧张还是放松？他们甚至会模仿剧中人的面部表情。

关于镜像与电影的主题，杰弗里·茨克斯写了一部杰作，名为《你的大脑在放电影》。他在书中引用了一个有趣的研究："20 世纪 60 年代，在印第安纳大学进行的一项研究中，专家们要求个人单独或众人一起听笑话。结果，团体观众笑得更欢。有趣的是，他们捧腹大笑，也许不是因为他们以为这些笑话有趣，而是因为他们看到或听到同伴们在哈哈大笑。"

这就解释了一个问题：较之在空空荡荡的剧院，在充满笑脸的剧院里，有趣的电影会显得更有趣。如果你的视频与你的观众配合甚好，那么，他们的镜像神经元就会得到触发，比实际场景延长 20～30 秒，如此，你们之间就会建立真正的联系。这一点，我经常在研讨会上展示给与我合作的高管看。他们一起创作故事，并进行权衡，思考哪些情节需要保留，哪些地方可以删除，然后重新调整故事结构，以便达到共鸣效果。

换句话说，我们可以通过感人的品牌故事来创造新的价值体系。值得庆幸的是，在这个新媒体发达的社会，最适当的反响之一就是——讲故事的人，甚至消费者，都有大量机会创造出可以在整个品牌传播平台上共享的新故事。我们理解了镜像神经元、人类的情感共鸣和社交心理之后，就应该明白团队传播信息的新形式。

跨进情感共鸣的时代

如今，产品市场上琳琅满目，很少有脱颖而出的产品。大多数护肤霜基本上都一样。那么，一款洗衣粉如何才能做到与众不同呢?

产品优化不是容易的事，产品维护就更难了。因此，功能优势逐渐被情感优势取代。营销人员必须触及消费者的情绪，他们必须在消费者心中找到一块情感归属地。

在这个情感至上的时代，以价值观为基础的品牌优化，使得故事成为重中之重。因为千年的历史告诉我们，故事的作用不会因时代的变化而被削弱。基本上，品牌故事通过激活情感和传达价值观来发挥作用。

值得注意的是，最好通过教学和娱乐的故事方式来传播信息，而不是用海量信息来轰炸人们的头脑。在寓教于乐的时候，故事最奏效!

如果一个品牌不能与消费者进行直接互动，那么，该品牌至少可以通过故事与消费者进行交流——为传统媒体和非传统媒体创造品牌故事。任何创建品牌或深入发展成熟品牌的公司，都可以确定与之相匹配的价值观。

公司可以精心创造吸引人心的品牌故事，并用以阐述具体的价值观，然后通过各种媒体形式将其传递给广大消费者。

那位珠宝商通过非凡的客户服务与我的朋友建立了深厚的情感纽带，一个品牌可以通过同样的方式来与数百万消费者建立情感纽带。那就是我在呼吁的品牌故事——记得一定要精彩绝伦、引人入胜。

好故事让人爱上你的品牌

当你学会讲述感人的品牌故事，并始终可以唤起消费者的情感共鸣时，就可以像纽约市的珠宝商一样把普通顾客变成终身客户了。你甚至可以做得更好。

你可以让客户激情澎湃。当他们看到你的品牌时，就会想起一个动人的故事——他们在互联网、印刷品或电视上看到的品牌故事。他们也可能会记住某个与你的品牌互动有关的个人故事。例如，你还记得你最喜爱的糖果或冰淇淋品牌吗？

假设你的品牌就是布雷耶冰淇淋公司。你的忠实客户可能会记得，当他们还是小孩子的时候，他们的母亲给他们买了一份冰淇淋，他们吃完后感觉很舒服，于是，你的品牌与他们的美好情感记忆相一致。因此，当消费者自己的故事与布雷耶的品牌故事相互交织在一起，布雷耶就从一个大众品牌转化成了个性化的品牌，消费者也从一个陌生人的身份转化成了忠实的盟友。

我们要深入思考消费者已经熟知的品牌故事以及每天都在创造的品牌故事。我们可以从这两种故事中学到很多，两者也都拥有巨大的潜力。

因为讲故事是可以学来的本领，我们可以而且应该尝试掌握其中的规则和方法——以便我们讲述引人注目的好故事。接着，我们可以使用这些规则和方法来创造引起情感共鸣的有趣故事。然后，我们可以通过传统媒体和新媒体向消费者播放这些故事，让他们接受情感体验，萌生品牌激情。

这些故事的力量促使我们从普通的喜爱，一跃发展为满腔的激情——甚至可能会爱上这个品牌。

现在，让我们对话卡佳·布列塞特女士——消费者研究员、心理学家，并向她讨教有关品牌故事的看法：

我：你认为故事在今天的品牌营销中扮演着什么角色？

卡佳：至关重要的角色。一个品牌或产品需要一个引人入胜的好故事，以使人们产生情感共鸣和关注。这是非常重要的，因为讲故事是人类理解世界、传达信息、学习和联系他人（包括人物和品牌）的有力手段。

我：你如何通过各种媒体形式的网络故事，创造、培养和维持与客户的长久关系呢?

卡佳: 当今时代，人们都渴望长久的联系！首先，你必须深入了解你的客户，并了解影响他们行为的要素。这些要素可能是普通的意象，也可能是深刻的隐喻。它们可能是建立在心理学、行为科学等之上的一门学科。以此为基础，你可以为各种媒介和产品创建、激活和挖掘故事。但你必须考虑到市场、品牌和消费者心理的变化。没有什么是永远不变的，就连最基本的学科也会有所演变，当然，不同种类的媒体和品牌更是瞬息万变。

我: 有人说，这不仅需要你讲故事，你还得创造和控制品牌故事——既要穿越时空，又要不断演变。你同意这个说法吗？如果同意，你可以点评一下吗?

卡佳: 当然。品牌故事必须演变和变化（无论营销人员想不想改变）。市场、消费者、品牌和产品——都要发展。外部因素对这四个要素都有影响——经济衰退（可能对消费者的故事产生巨大的影响）、政治变化、世界事件、新技术或品牌（例如，思考一下特斯拉在汽车行业及其故事中的影响）、年代变化和发展（在很大程度上，自私任性的“婴儿潮一代”仍然在操作局势，那么，还要等多久呢），等等。

我们能完全控制这些故事的方方面面吗？我不这么认为。然而，如果营销人员创造的故事框架和消费者的故事框架融为一体，就能创造消费者心中渴望的故事。因此，我们虽然无法控制却可以了解消费者的故事框架以及由此产生的故事结合体，并不断开发与创建令人信服的好故事。甚至可以让消费者融入其中，并为我们的故事细节服务。

我: 曾经，营销学被誉为创造和推销神话的艺术。而如今，营销学则是寻找真相并与他人分享的技能。我们以前是讲故事，现在是讲述品牌故事。那么，品牌故事究竟是什么呢?

卡佳: 对我来说，品牌故事远离“广播”营销模式（为一个品牌或产品编造一个故事或传说，并期望消费者成为这个故事影响的对象），是一种始终共同创作的网络互动模式。品牌故事更似一条双向街道，既包括了消费者，也囊括了品牌价值。

品牌故事需要丰富的体验。故事不仅仅是和消费者交流的结果，更可能是品牌或产品的体验。因此，鼓励消费者体验产品或服务，或利用他们已有的经验去认知品牌，这样做非常有影响力。加拿大舒洁面巾纸的“分享护理体验”就是一个很好的例子。

我：塑造品牌故事的时候，你遵循具体的步骤吗？你可以与读者分享一下吗？

卡佳：我主要在网上使用民族志的调查方法（民族志是人类学家进行研究的主要方法。在研究中，人类学家首先需要参与异文化的日常生活，通过实地观察、情景访谈等方式记录和收集资料，然后形成观点、理论和文章），并与其他科学有效的工具相结合，以此来揭示消费者的故事框架和行为模式。例如，我可能会做一个心理评估，揭示消费者的核心人格特征，以此来设定品牌定位和受众定位。来源于消费者的视频和图像能让我们了解到他们内心深处不可思议而又生动鲜明的看法。以此我们能捕捉到他们对品牌、产品、故事等的观感。他们实际上提供了一个跳板，由此可以深入探讨他们的经验、情感、信仰和故事细节。在此之中，我创造了消费者的故事，其中包括故事框架（例如，原始意象或简单模型）、行为模式、情绪导向、消费者个性，等等。最后，我为引起共鸣的品牌故事和品牌体验提供了建议。毕竟，经验会写成故事：我们心中的故事和我们要讲给别人听的故事。如果经验和故事都具有积极性，确实能让消费者保持一生的忠诚。想一想你最喜欢的品牌或产品。我相信，你在热爱它们的背后，有一个伟大的故事在连接着你们。

——卡佳・布列塞特

工商管理学硕士，社会工作专业硕士，慧观社群创始人兼老板

THE HOOK

第二篇
品牌故事是怎样炼成的

第五章

你的品牌DNA

上帝创造人类，因为上帝喜爱故事。

——宗教谚语

你的故事必须和你的品牌DNA相匹配，否则将会对你产生负面影响。真的吗？那么，什么是品牌DNA呢？

“DNA”是脱氧核糖核酸的首字母缩略词，它含有让某个物种与众不同的核心生物学信息，也是人类及其他生物的遗传物质。生物体中几乎每个细胞都具有相同的DNA结构，它们的基本功能就是让你成为与别人相似却又独具一格的你自己。

当初，资历深厚的建筑师马克·诺尔是这样解释品牌DNA的——“特点（Differences）、性质（Nature）和属性（Attributes）”。在创造品牌故事的过程中，品牌DNA构成了你想要的核心信息。它是让你的品牌区别于其他品牌的基本元素。我们表达这个概念的时候，应该使用尽可能少的词，并且必须是表示企业灵魂的词。随后，这些关键词将会推动整个营销过程中的一切商业故事。

生物DNA决定了一个人在遗传构成中的特征，同理，品牌DNA决定了企业吸收什么样的属性。这些精挑细选出来的关键词，代表了商业遗传密码的基本特征。如果参考和追随这个品牌DNA，关于商业品牌问题的每一个决定都会受到影响。

若能恰当地利用品牌DNA，品牌的概念将会发展并得到强化，从而形成更加丰富和清晰的商业版图。

一旦你确定了品牌DNA中的核心特征，就需要考虑品牌和产品在消费者生活中的作用以及你讲故事的正确方向。有太多的公司不了解这一点，讲的故事很糟糕，最终导致品牌受到损害。这里举一个突出的例子。有一个著名的运动鞋零售商在美国超级碗大赛的电视直播上打广告，花了数百万广告费。广告内容是高加索山区的一名销售员追着一个赤脚的非洲人，追上非洲人后，销售员送了他一双崭新的运动鞋，说是有助于跑步。

可是，数百万人看到的这个商业广告，并没有为公司增加销售量，反而对品牌造成了极大的损害。这是对有色人种的公然冒犯。许多公共监督组织也将其解读为霸道和有失体统的行为。追赶赤脚黑人的白人销售员，并没有引起观众的情感共鸣。其实这个故事自身的结构并不拙劣，但观众感觉这个故事的DNA——核心主题和延伸意义——很伤感情。

你的故事有力量。这份力量可以用来为善，也可以用来作恶。你需要考虑你的故事如何影响你的品牌，不恰当的故事会弊大于利。所以，请你小心翼翼地花时间去琢磨你的品牌 DNA。然后，花更多的时间来确保你的品牌故事与品牌 DNA 相匹配，让你讲的每一个故事都有助于进一步巩固你的品牌形象。

创建公司品牌故事的时候，还会产生另一个问题：许多人倾向于将品牌或明星作为品牌故事的主角。他们在平面广告、视频或互联网上分享故事，以展示产品——“请看看我的特效皂粉或甜苏打水吧，它们会改变每个使用者的生活”。

换句话说，让我们瞧一瞧，我们的产品为何如此引人注目。这一点很诱人，但也可能很危险。你的品牌或产品也许会改变生活，但你不可小题大做。否则，你的品牌故事将有可能赶走消费者，而不是吸引消费者。

我推销护发产品的时候，就已经明白这个道理了。女性朋友都喜欢使用新的洗发水，因此，我编出了无数不同的故事脚本。真是不可思议！不过，我担心，对于品牌而言，这样做可能会弊大于利。我曾多次观察产品使用前后的对照，感觉不太可信。换句话说，“一个发质不好的女人使用了我们的产品之后，哇喔，立即获得一头秀发”，如今，这样的说法缺乏可信度。

我认为事实很明显。现代品牌故事中的品牌不可能成为故事的主角。你不能只是使用一种产品之后，就会在一夜之间改头换面。如今，这种说法不再合理。相反，品牌或产品只能充当良师益友，而不是神奇主角。

你的产品必须做到这一点：作为良师益友，致力于改善有此需求的人们的生活。所以，让我们再拿洗发水为例吧。使用一款不错的新护发产品，不会让你奇迹般地华丽变身。相反，它可以让你的自我感觉更好——没有一头秀发，也会感觉到的美好。你的头发看起来很美，闻起来很香。你的洗发水让你的自我感觉更加美好和自信，因此，更有能力去应付一天的困难。

你没有超级能量，你不是神奇女人，但是，你有一个良师益友，它可以帮你一把，让你变得更加自信和优秀。

品牌是顾客的良师益友

下面是针对乔尔·柯莱特克的一场采访。乔尔是一位商业广告文案策划，他给我们介绍了他撰写的商业故事。他告诫大家，品牌是顾客的良师益友，而不是故事的主角。那么，如何讲故事，才能实现品牌 DNA 目标呢？请看下面的采访记录：

我：在今天的网络时代，你如何看待故事的兴起？

乔尔：嗯，你可以稍稍预测一下。网络营销已经开始渐渐风靡全球了，一切都是那么自然。起初，我把时间花在薄弱环节和“怎样都行”的事情上（群发各种廉价的垃圾邮件）；接着，我们开始思考观众的需求（定向投放广告）；后来，我们逐渐重视品牌内容（创造人们想要消费的东西，而不是争取点击率）。而现在，我们进入了“品牌故事”时代。这是一个古老的概念，也是一个崭新的概念——至少是网络营销环境下的流行语。

我：你知道如今品牌故事的基本论点是什么吗？

乔尔：如果你在网络上徘徊，可能会看到赞成品牌故事的某些言论："讲故事是人类交流过程中最强大的力量。自从人类处于满身是毛、面目可憎的原始人时代，我们就开始使用故事传播信息、分享价值观、唤起情绪，一边围着篝火烹饪长毛象，一边讲着故事（显然这种现象出现在素食主义时代之前，哈哈）。故事就是感情黏合剂，把你与喜爱你的观众联系在一起。它们帮你塑造出令人难忘的积极品牌，让你与客户的价值观相一致。"

我：当你创建品牌内容的时候，为什么会偏爱讲故事呢？

乔尔：许多研究表明，对于人类而言，动人的故事比冰冷僵硬的事实更具说服力——主要是因为它让我们暂时从现实的期望中脱离出来。故事比没有上下文的概念更容易记忆，我们一边听故事一边成长（从序言到高潮，再到结局，以及之间的一切，一切都水到渠成）。它让作家或演讲者直达一个人的心灵世界，并打开很多扇友谊之门。

我：那么，你为什么认为，网络和社交媒体上有很多糟糕的品牌故事呢？

乔尔：嗯，我们认为，当我们听故事的时候，都认为那是好故事。但是，当我们让这些故事为品牌服务的时候，为什么会感觉越来越糟糕呢？我认为，讲故事的时候容易产生混乱，这是事实。因此，在讲述品牌故事时，必须避免三个常见的错误：

1. 品牌不是故事的主角

每个故事都分享了一些情节元素——每个故事里都有一些英雄或主角。说到品牌故事的时候，你要明白，品牌不是故事的主角。"奶油玉米粒带着热情和优雅，勇敢地抵御了心脏病的危险。请买绿巨人牌冷冻蔬菜。"——这种说法显然行不通。

这里的问题是：品牌故事不是关于你自己的故事。它关注的是：你如何帮助客户完成任务，从而支撑你自己存在的价值。

奶油玉米粒不是你的观众关心或膜拜的主角。因为故事的焦点不是你的品牌，而是你的客户，以及你能为他们做些什么。你是“良师益友”，是帮助客户实现目标和战胜挑战的人物。当你讲述客户的故事时，其实你是在讲述自己的故事。

2. 呼吁不同的的价值观

每个品牌都有一个故事，那个“故事”就是品牌价值、承诺和态度的结合体。我们讲故事的目的是输出内容，但在内容之外，还有一个更丰富的故事：现实世界如何看待你——你是谁？你代表了谁？这些价值观需要保持一致，因为它们就是首先吸引观众的基本元素。

请记住，故事一定要吸引人，要让你的观众聚精会神地聆听。当你践踏他们的价值观，或者创造一个他们不想要的世界时，就在那一刻，你已经失去他们了。

3. 让观众产生共鸣

观众必须能够与故事中的角色联系起来。为了吸引观众，必须让他们参与一个可信的故事。你的观众必须能够看到故事中的自己，以萌发真情实感。

我：最后，你可以说一说，如何更好地讲述品牌故事吗？

乔尔：你的故事必须与客户的价值观、欲望和想象力紧密相关。如果你企图成为故事的主角，或者摆脱观众的想象力，那你实际上就是在搬起石头砸自己的脚。你的品牌衍生出来的故事，需要与你的客户所代表的东西一致。你需要塑造这样的主角——客户信任的，或者客户认为自己就是那个主角。然后，找到一个客户们都能明白且关心的一个实际问题，故事、情感、冲突就此展开。

——乔尔·柯莱特克

商业广告文案公司的兼职文案和转换优化专家

网址：http://businesscasualcopywriting.com

第六章

将品牌DNA转变成品牌故事

故事必须阐明自身的意义，而不是让人曲解其意。

——汉娜·阿伦特

你在不断地讲述你公司的故事。无论是在演讲中、与同事或客户进行的普通对话中，还是在网站、广告或包装袋上讲故事，你的故事都要符合公司的公众形象，必须严格遵循品牌DNA的精神。

所以，一旦你清晰地勾勒出品牌DNA，就需要着手创造故事来体现它。下面就是几经验证的故事手法。当然，如果你愿意，也可以发明自己的独特方法。关键不在于“我的故事或你的故事”，而是要了解你的品牌DNA，然后，以品牌故事的形式，进行系统的内外部交流，助你传播你的品牌信息。

“七步法”轻松搞定品牌故事

如果你花了几个小时与品牌团队进行协商，结果大家都赞成这个品牌DNA，那么，就可以进入传播流程了。请注意：你需要大家百分百地支持这个品牌DNA，才能向前推进。无论是团队成员，还是品牌信息，缺一不可，否则就会导致风险。让大家都参与进来，然后，在这个过程中，如果他们产生异议，你就可以随时将问题焦点转向品牌DNA，并展示故事如何与他们认可的品牌核心价值相匹配。

下面是我讲品牌故事的七步法：

第一步：创建品牌DNA。

第二步：通过实物隐喻来构思商标或图像。

第三步：集思广益。

第四步：品牌故事初稿。

第五步：修订和重写。

第六步：检验和微调。

第七步：完成跨媒体的品牌故事。

现在，让我进一步分析和解释每个步骤。首先，第一步：创建品牌DNA，我已经在上一章中详细介绍了。接下来，第二步：通过实物隐喻来构思商标或图像。

这是什么意思呢？下面我来向大家介绍一下具体的细节。为了找到一种区分公司或产品的系统方法，并付诸行动，引导大家去传播这种特征，你需要从一目了然的实物隐喻开始。针对你的品牌DNA中提到的独特性，可以用简单的图像来表现。这就是你的品牌在实物隐喻中的形象。看着这个图像，就立即了解你的一切，因此也了解了你的品牌。

如果你喜欢的图像不止一个，那就该创造一个体现你的新价值的品牌故事了。对比一下你的品牌DNA和实物隐喻吧。什么样的故事会让你浮想联翩？你希望听到什么样的故事？

这是我早已提及，并将继续讨论的话题——人们不可能正好想出一个故事，并记录下来，然后就拿来推广。强大的品牌故事，其发展是一个烦琐的过程，囊括了我的七步法中的四个步骤。分别是，“第三步：集思广益”，“第四步：品牌故事初稿”，“第五步：修订和重写”，“第六步：检验和微调”。下面向大家逐一分析：

第三步：集思广益。这一步无须说明，但很重要。若要创造新鲜和令人兴奋的品牌故事，就必须先创造一个环境。在这个环境中，任何人都可以说出自己的故事创意，而不用担心产生负面影响。这一步骤有个有趣的名称叫“狗血剧情”。在这个环节，大家被鼓动想出最狗血的故事。换句话说，任何人可以讲述任何故事——无论多好或多坏。如此一来，团队可能会得到激励去挖掘一个真正伟大的故事。

第四步：品牌故事初稿。当出现人人都喜欢的品牌故事时，那就该充实这个故事，让其有血有肉了。请注意，谈到这里的时候，我会不断地提及团队，而不是个人。当然，一个人可以参与并成功完成这一步，但我更喜欢与团队一起去执行。最好让了解品牌、知识渊博且充满激情的人来执行，因为他们善于协调工作，创造出的品牌故事也比任何个人的杰作更为强大。

所以，请大家竭诚合作，勇于创造，不要急于下结论。撰写初稿的时候，无论看起来有多糟糕，都要写在纸上或电脑屏幕上，并做到有头有尾。一份完整的故事初稿包括开头、中间和结尾——无论多好或多坏，都要写完。

第五步：修订和重写。有时候，这似乎是一个无止境的过程，但它是一个必要的过程。到底需要修改多少遍，没有固定的结论，但我总是建议与所有团队成员分享故事，吸收他们的评论，然后再次分享。根据需要进行多次修订，直到获得团队成员的普遍接纳为止。到那时，也只有到那时，你才可以与团队之外的人一起检验这个故事。

第六步：检验和微调。好莱坞所有电影的放映都会事先检验。无论你多么努力地编写故事，都不能省略这一步。然后，根据检验的结果进行微调，并再次检验。最后，再呈现给观众。这没什么丢人的，在进入市场之前，故事必须一再完善。

第七步：完成跨媒体的品牌故事。这将在本书后面的几个章节中详细介绍，但现在，让我来说一说，讲故事应该采取哪些形式——口头、印刷册子、视频、网络、对内传播、对外宣传，等等——然后，使品牌故事适应这些媒体形式。

我已经通过经验了解到，这个七步法适用的领域远远不止于营销。该流程已经成功地用于销售、制造、解决问题和团队建设。参与此过程，可以发现核心问题，并指导用户解决各类实际问题。它与人性相结合，驱使人们发挥潜能，而不是将其压抑。最终，管理人员能够一劳永逸地解决问题。

理想情况下，任何人都应该能够理解和使用七步法，但要将其功效发挥到最大化却并非人人都能胜任。它有助于提高参与者的工作效率——提供外部的客观反馈，然后，创造和加工品牌故事，并在不同的媒体平台上发放和传播。在大多数情况下，参与者通常是外部顾问，他们参与其中，给品牌故事打造提供了指导意见。同时，该过程还培养了数名内部员工，而这些员工可能会成为未来品牌故事的导师。

案例研究：纯享者食品公司

“纯享者”食品公司是一家新兴企业，其产品是专门为吞咽困难人群打造的特殊食品，其消费对象则是那些咀嚼和吞咽困难的人。你看一看我是如何领导这个团队进行品牌故事之旅的。

第一步：创建品牌 DNA。我们拿出了一个白板，然后发挥各人的奇思妙想，并记下各种想法和创意。请看下面的关键词列表：

· 满足

· 自制食品

· 自主

· 厨房

· 享受

· 绿色食品

· 健康

· 吃的不仅是营养

· 发现和重新定义

· 品味、娱乐、家庭、质感、享受、喜好、快乐
· 独特
· 以患者为中心
· 让患者满意
· 总结

然后，我们研究这些想法，得出核心概念，总结出品牌 DNA 的新口号，可以用 9 个字来表达——重新发现纯天然美食。

第二步：通过实物隐喻来构思商标或图像。商标代表了公司的具体形象，因而显得至关重要。当人们想到你的时候，你希望他们的脑海中呈现出什么形象呢？这种形象如何体现你的品牌 DNA、品牌故事以及你渴望的情感共鸣呢？

因此说，商标设计是一个重要的环节，不应轻视。我们现在需要在实物隐喻方面提出更多的想法，这可能有助于我们为公司找到完美的商标或形象。

什么可以代表实物的形象呢？请看下面的实物和名词：

· 叉子
· 系有丝带的盘子，表示烹饪刚开始
· 黑板
· 香蕉
· 苹果
· 苹果条
· 洋蓟
· 水果和蔬菜
· 橄榄枝
· 铲子
· 拖把

· 壁炉

· 厨师帽

· 玻璃罐

· 餐桌

· 勺子

· 红色

· 听诊器

· 紫色

· 绿色

· 黄色

看完以上所有的实物和名词之后，我们就可以开始共同商量，最终勾勒出一个新商标，简单地描述一下：一个棕色的听诊器，一个绿色的叉子，一个红色的铲子和一个黄色的香蕉，它们卷成一个圆圈，圆圈的中心就是公司名称的关键词——“Pureffic”（“纯天然”之意）。

第三步：集思广益。我们讨论了与品牌相关的各类故事之后，下面展示一下我们提出的一些创意：

· 动画视频：想象一下这样的场景。从烤箱里取出一个盘子，盘子里装着美味的食物，接着，这些食物被吃掉了，只剩下一些面包屑。然后，老鼠出现，并吃掉最后的面包屑。最后，我们的四个实物隐喻逐一出现，并构成了商标。

· 无论如何，必须是令人感动的故事。

· 关于家人、产品用户及其护理员的故事。

· 我们故事的最佳发生地点在哪里？

· 关于我们是谁的故事。

· 关于我们想要多少钱以及为什么需要这些钱的故事（90 秒）。

· 护理员的故事（60 秒）。

· 使用者的故事（60 秒）。

· 医生的故事（3 分钟）。

· 我们产品的技术故事。

· 大家一起吃纯享者食品的场景，以及一位吞咽困难者的吃饭场面。

· 一位医生解释我们食物的烹饪阶段、商标和所有的天然原料。

· 大家坐在桌子旁边欢呼："重新发现纯天然美食！"

如你所见，这就是一个完整故事的元素列表。世上没有完全新颖的故事，也没有完全雷同的故事。所以，你的团队有义务采集这些元素，并把它们组成有机整体，以创造一个可信又能引发情感共鸣的故事。

第四步：品牌故事初稿。下面是"纯享者食品的起源故事"初稿：

"我饿了！"我说道，这是 2014 年的冬天。我叫莎莉尼·钱德拉，是约翰·霍普金斯医院的医生。但是，现在，我是刚刚接受了舌癌手术的病人。在我手术后的最初几个月里，我的家人和朋友聚集在我的餐桌旁边，让我看着美味的饭菜，闻着可口的食物，而我只能从杯子里喝流食。

这是一件可怕的事，但我有什么选择呢？我不能咀嚼和吞下固体食物。所以，只要一有机会，我就会鼓起勇气，前往超市的货架，寻找我可以咀嚼和吞咽的食物。

我每次带回的都是苹果炖土豆泥。我的生活很悲惨，直到几天之后，我的生活发生了改变，这要感谢我亲爱的朋友和邻居——约翰·霍普金斯医院的苏齐拉·帕兰奇医生，他给我带来了一杯润滑浓厚的胡桃南瓜汤。

我非常喜欢这道汤，我问她在哪里找到的汤，我可不可以多喝一些。她回答说，这是她在自家厨房里做的汤，从头到尾用的都是天然原料。这就是纯享者食品的起源故事，后来我和苏齐拉成了这家公司的联合创始人。

作为医院的医生，我们每天都会看到患有咀嚼和吞咽障碍的患者，他们中的许多人不能吃自己做的普通饭菜。我们希望做出营养美味的天然食品，让每个人都回归餐桌。（请注意：患者每购买一次纯享者产品，就会有50美分进入我们的吞咽困难基金会账户。）

第五步：修订和重写。所有的好故事都要通过多次重写才能诞生。所以，我一而再再而三地给予团队批评意见，让他们不断地修改故事，直到写成一流的艺术作品。

第六步：检验和微调。我们与商业伙伴、家人和朋友一起分享品牌DNA、品牌口号、商标和品牌故事，以获得反馈。这里发生了什么？没发生什么？引发了什么问题？什么问题一目了然？

然后，我们又作了一些修改。

第七步：完成跨媒体的品牌故事。一旦纯享者美食公司完成了筹资计划，他们就会使用这笔资金去创建网站和视频，以网络媒体形式传播信息。他们也在考虑众筹投资问题，甚至想上《餐厅创业》和《鲨鱼坦克》等电视节目。有了如此神奇的故事和如此远大的目标，他们就有机会迈向真正的成功。

接下来，我要和艾尔·皮若佐利谈一谈品牌故事——他是个多才多艺的人，会讲故事，还是创意总监和营销奇才。下面是针对他的采访记录：

我：你认为讲故事在今天的品牌营销中扮演什么角色？

艾尔：人们总是抵触广告中的故事。因为它华而不实，没有意义，乱蹦乱跳，毫无逻辑，等等。但一般情况下，我不会建议公司放弃讲故事的宣传手段。讲故事对品牌个性的成功传达至关重要。那些与消费者实际相关的故事，最能吸引客户，并给他们留下深刻难忘的印象。我意识到，我们在电视上只有30~60秒的时间，而在印刷册和网站上的广告只有一瞬间的机会，所以，现在，讲故事比以往任何时候都更为重要。最好的做法就是传达微型故事，以强制创意总监和团队去拼命了解品牌。你无须担心消费者不需要故事，即便在经济困难时期，他们也会购买商品，但会进行对比和挑选。

我：如何通过各种媒体和网络故事来创造、培养和维持与客户的终身关系？

艾尔：讲故事是建立亲和力的关键。鉴于我们在广告领域的研究和经验，有人会认为，广告商及其代理机构将会明白这一点。客户的培养始终以发展亲和力为中心。如果你丧失了网络平台上的技巧，忘记了亲和力的诞生过程，那就不会看到长期的忠诚度。

据我了解，品牌故事本质上就是一个特定品牌的历史和未来焦点。这是至关重要的，因为，如果故事恰到好处，品牌就会在人们心中留下永恒的印记。此外，故事促使消费者归属于某种特定意义的东西——这就是亲和力。经过众人热议的精彩故事——品牌故事，可以促成新的社会变化，无论消费者喜欢与否，它的影响都是永恒的。

你的品牌就是你的故事，否则，你就没有故事可讲，你要传达的信息，消费者终究会明白。品牌故事就是故事，都有一个开头、中间，但希望没有结局。你说你创建了品牌故事，我并不敢苟同。品牌故事早已存在，并被人们发现和传播已久。故事的关键在于前后一致。还有检验问题——如果你不检验自己的品牌故事，别人就会替你检验。

下面，我们把焦点切换到乐高公司。谁不知道这个词是什么意思呢？这家公司已经拥有80年左右的历史。他们的故事如何？始终如一：提供一种让年轻人思考和表现创造力的产品。他们与时俱进，与电影公司、美国国家航空航天局等多家企业合资。毫无疑问，他们掌控着信息的内容，但他们从不改变品牌个性的本质。

我：你如何利用讲故事来让某个品牌在同类产品中脱颖而出呢？那些众多的网络创作者如何把普通故事变成品牌故事呢？

艾尔：首先，我认为，常见的错误在于，企业常常根据自己产品的属性而尝试建立相应的品牌故事。一般来说，大多数产品提供相同或相似的属性。我妻子使用欧莱雅产品。玉兰油其实和它非常相似，其他同类产品也是如此。但欧莱雅的品牌故事与其消费者们创造了一种独特的情感纽带——“你值得拥有”。这不是产品属性，这是消费者的心声，任何其他品牌都不会有同样的声明——即便它们也可以这样说。

当你想到这里的时候，实际上，这5个简单的字眼已经构成了一个品牌故事，这个故事给接纳并信任它的人留下了难忘的印象。在社交媒体方面，智能营销人员有很多机会去吸引消费者讲故事。媒体技术可能会发生变化，但品牌故事不会改变——如果处理得好的话。博客是品牌故事历史上的一次巨大飞跃，它们将大众传播转移到一对一的个人层面。这很棒，因为它促进了参与性。人们想和其他品牌传播者与品牌本身建立联系，社交媒体可以帮他们实现愿望。

我：对于创作品牌故事，你有一个具体的流程吗？你可以与读者朋友们分享一下吗？

艾尔：我开发了一种新技术，名为“主动防护计划”，它通过特殊的流程来创造客户品牌。人们常常用到它，还有助于发现或支撑品牌故事的真实感。

——艾尔·皮若佐利

创意总监兼讲故事专家

网址：http://Pirozzoli.com

第七章
品牌故事三部曲

别小瞧了故事。1 便士可以买 1 根蜡烛。点燃蜡烛，可以找到 1 块丢失的金币；一个简单的故事，可以揭开最深刻的真相。

——古谚语

让我们现在开始进一步分解故事。在日常生活中，各类大小企业都会使用什么类型的商业故事呢？这些故事中有多少源于有意识的构思呢？这些故事背后的基本规则是什么？在本章中，我希望可以解答这些与讲故事有关的问题。

互动练习

大多数情况下，在开始研讨会之前，我都会进行一些互动练习。所以，现在，我想试着和大家一起互动一下。如果你们愿意迁就我，那么，请举起手来，指向你们自己，就这样定格下来。

你们指的是胸部还是头部呢？

如果在一个挤满高管的房间里做实验，你觉得大部分手会指向哪里？

许多心理学家会争辩说，当你被问及这个问题时，你的手指向哪里，就表明你的潜意识在你自己心中的真实位置。

你的行为受大脑指挥还是受情绪控制？你是智力驱动还是以心为本？你的行动始于大脑还是内心？

在进行这次互动练习之后，我又在一个挤满了作家的房间做实验，花了好几分钟的时间说服这些智力型人物去努力取得更大的成功。他们现在的目标就是把自己的手指放在胸部。手指必须触碰到心灵，那才是真实的自我。我认为，我们现在最好的办法就是要发挥讲故事的技巧。

当我朝这个方向推进的时候，一开始总是有一定的阻力。我现在可以听到这样的声音："是的，但我是一个面临很多风险的高管，我不能在一夜之间就改变我们的做事方法。"

我明白这个阻力。这是有道理的，因为最受欢迎并能让大多数人在学校取得成功的技巧，往往不同于让人们成为讲故事能手的技巧。

请再迁就我一会儿，并尝试着敞开你们的心扉，争做更优秀的故事高手。请继续往下阅读吧。相信我：它是值得的。回报会远远超过一个美丽的传说。或者会多一些肥皂销量。

故事的基本元素

好故事是怎样炼成的？如何才能学会讲故事，并将好故事应用于你的业务当中？

有一句古老的印度谚语："人与真理之间的最短距离就是一个故事。"实质上，这是一个故事高手可以而且必须做的事情：通过一个故事，让听众一路走向真理。这就是说服的关键。故事可以让你搞定貌似枯燥的资料，让听众们喜欢上你的演讲。

换句话说，实际上，一个好故事可以让听众们关心你正在说或做的事情！

简而言之，许多作家都没有发现，讲故事不仅仅可以证明你有多么聪明、博学和精明。所以，请你深吸一口气，然后放松下来。这感觉真好啊！压力终于没有了。

事实上，卓越的故事高手明白，他的工作就是不要给故事添堵。换句话说：你要讲的不是你自己，而是故事！

大家必须意识到一点：如果你只会堆砌信息，那就表明，你知道很多事实或者有很多技术或科学知识，但并不一定会产生任何形式的情感纽带。要知道，很多时候，最终都是这种情感纽带让你的故事掷地有声。

现在，我想让大家研究一下你们最喜欢的电视广告、电影或书籍，并思考它们使用了哪些故事元素来串联成故事。

我敢打赌，故事里有一个你可以联系上的主角。我也敢打赌，故事中有一些夸张动作，跌宕起伏，惊喜连连。除此之外，也许还有靠谱的情景和众多冲突。

年轻的时候，我很喜欢一些精彩的电视广告。你还记得老迈克尔·福克斯的无糖百事可乐广告吗？它遵循了广告故事的黄金法则。魅力四射的迈克尔·福克斯想买一瓶无糖百事可乐来打动新邻居——那是一个妩媚动人的女子。他面前有几个阻碍因素，但最终还是梦想成真。一路上惊喜不断，曲折离奇，动作夸张，甚至还有令人迷醉的喜剧场景。

这个短暂的故事诞生于1986年，但我至今也无法忘怀。我喜欢无糖百事可乐公司员工们讲故事的方式——在短时间内讲述一个引人注目的小故事。

向最卓越的人学习

如果想提高讲故事的能力，可以在哪里寻求帮助呢？

我多年来的一切努力表明，若要真正学会讲故事，就得走出课堂，探索故事的重心和源头。想一想：谁是靠讲故事为生的人？谁真正懂得编故事的艺术？

一般来说，在好莱坞、华盛顿特区和麦迪逊大道上，往往会有这样的人。换句话说，若要真正了解讲故事的技巧，所有写作者都应该看向最好的大众媒体、最有说服力的政治交流和最好的商业广告，并扪心自问：“我们可以从这些故事专家的成功（或不成功）案例中学到什么呢？”

不好意思，请等一下——听一听不同的声音：“我只是想要更好地销售我的产品，并更深入地参与到公司事务中去，吸引我们的员工、客户和顾客。那些疯子或华盛顿的政治官员能教给我什么？”

这个观点合情合理，但这些不同的声音并不互相排斥。政治官员和广告高管都明白，他们传达信息的方式必须引人入胜，让消费者接受并记住他们所说的话。这才是一个好故事的核心功效。此外，好故事的意义还在于：你建立起了一种更具魅力的沟通方式。

全面观察一下我们今天的国家和社会，你会发现一个现象：许多人认为，通过幻灯片等途径进行信息倾销的沟通效果最佳。不过，规律在改变，听众的关注度也大不如从前。

故事就像过滤器

我们现在明白并接受了这样的事实：普通人接收的信息有限，特别是当这些信息复杂又专业的时候。接着，我们可以假定：任何幻灯片，特别是专业性强的幻灯片，都很难被人记住，也不会建立个人联系。

然而，讲故事是促进交流和增加人脉的一种好手段。正如我在上文中所说的，它们的优势在于不分层次和等级。

事实上，大多数人一次只能记住信息里的三个点。归类记忆的研究结果显示，讲故事就是将大量信息聚集成一系列易于记忆的信息的最佳手段之一。实质上，讲故事是汇总和简化信息的好方法；故事就像过滤器，帮助普通人记住大量的繁杂信息。

其实，人类的本能就是吸收事实，并对它们进行连接和排序，直到变成一个合情合理的故事。这就是我们构建现实的方式——首先提供零散事实之间的因果联系，然后再串连成一个精彩的故事。作家恰克·帕拉尼克在小说《奇幻人生》中写道：“我们花费生命去寻找证据——支持我们的故事的事实和依据。”

人类讲故事的本能，在一次女性连裤丝袜的著名实验中得到了诠释。20世纪70年代末，两位心理学家——蒂莫西·威尔逊和理查德·尼斯贝特——

进行了实验。他们取出 4 双丝袜，分别标上 A、B、C 和 D。让女人们仔细观察，并决定自己喜欢哪一双丝袜。女人们从左走到右，最后，选择最右边的 D 的人最多，选择最左边的 A 的人最少。

你能猜到整个实验背后的真相是什么吗？

嗯，这个实验的核心问题就是，其实，这 4 双丝袜一模一样！

是的，我们人类正在不断地创造故事。所以，当心理学家询问女人们为什么会最喜欢 D 的时候，她们都为自己的选择编了故事。她们谈到了质地和质量，等等。为了证明自己的选择合情合理，她们创造了故事，编造了借口。

蒂莫西·威尔逊在《陌生的自己》中提及了这种天性，他称之为“适应性潜意识”。他说：“人们严重高估了有意识思考的作用。”我们写故事来解释自己的行为。这个实验也呈现出了我们认为自己选择的思维方式和我们真正选择的思维方式之间的巨大差异。

叙事谬误

纳西姆·尼古拉斯·塔勒布在其精彩著作《黑天鹅效应：极不可能发生却实际发生的事情》中谈到了人类爱编故事的天性，那是导致“叙事谬误”的根源。塔勒布是这么解释的：“叙事谬误就是当事件发生后，人们编故事让该事件的发生有个似乎合理的起因。”

它反映了我们需要将一个故事或模式与一系列连贯或不连贯的事实相匹配。塔勒布认为，大多数人都更自然地将世界视为结构化、普通化和易于理解的东西。

想一想你父母第一次见面的故事。最有可能的是，这个故事原本是看似偶然的事件，但因为这些事件已被重写，或者放在一定的情境之中，因此被赋予了命中注定的意义。例如，这个故事可能是这样的：“你父亲从来没有去过那家餐馆，但是由于某种原因，他选择了那天去那里，剩下的就是那段被大家所熟知的邂逅往事了。”

我们思考越多，就越明白一个道理：讲故事不仅仅是在篝火周围或在孩子睡觉时做的事情。也许最有说服力的解释就是：我们的大脑有着创作故事的深刻需求，那就是我们的梦境故事。

我们在梦中不是想故事，而是创造故事，以适应一切回忆，包括各个时期存储的回忆，以及被丢弃在垃圾堆中的记忆。我们的大脑正在整理所有这些记忆，但我们需要把这些东西变成有意义的故事，这就是我们每天夜里的梦境故事。因此，无论是白天还是夜晚，只要我们进入梦乡，都会不断地整理生活中的事件，连接成一个个梦境故事。

这让我想起了维多利亚女王时代圣诞树传统如何来到英国的故事。在英国采用这种传统的10年或20年之内，人们一直在讲述记忆中的庆祝故事，以及坐在爷爷奶奶家圣诞树下的场景。突然间，一些焕然一新的事物又回到了《圣经》时代。我们情非得已，我们总是创造故事，有时甚至胡编乱造。

值得注意的是，讲故事是一种基本的交流形式。作为一种艺术形式，我们可以学习和培养。其核心就是，你在很多时候需要通过讲故事来说服他人，并展示你想要他们知道或明白的东西。正如比尔·伯恩巴克所说，“说服不是一门科学，而是一门艺术。”（https://en.wikipedia.org/wiki/William_Bernbach）

故事的游戏规则

如果没有神话，没有宗教信仰，也没有故事，那么，生活就会变幻莫测。万物生死，大自然消亡又再生。如果这一切没有置身于某个环境、神话和故事中，那就不会产生特定的价值和意义。

一旦构思成功一个精彩绝伦的故事——你瞧！曾经的变幻莫测，如今却被赋予了具体的意义。有一个开始、过程和结尾。故事可以帮助我们把生活中的随机信息聚集在一起，并赋予它们生活的意义。

故事是我们思考和做梦的主要形式。请你不断地提醒自己，你一定要训练听众去接受你的故事，一定挖掘他们接收故事的潜能。也请记住，最有效的故事，就是那些留在我们身边，最深刻地影响着我们的故事；就是那些不仅在理性层面上，而且更重要的是，在情感层面上与我们对话的故事。

故事让我们彼此接触和联系。无论我们认为自己多么理性，事实就是这样：我们所做的大多数事情都不是源自理性的冲动。我们是无理性、无意识的生物。伟大的故事专家们会本能地觉察到这一点。无论如何，如果讲故事的人可以直接与你的潜意识对话，并对你进行引导，那么，他的故事就一定是美妙绝伦的。

让我想象一下超市里的场景，然后来分析这种现象。你可能会问，这里会发生什么故事呢？当你走在超市过道，停在肥皂专区的时候，就要在众多品牌的肥皂中进行选择，这些肥皂的功能基本一样：清洁。最终，你选择的品牌就是最直接给你讲故事的产品。

如果你选择了多芬香皂，那你可能喜欢该产品的清新感。相反，如果你伸手去拿爱尔兰的春天香皂，那么，你就是喜欢上了另一个更加强大的故事——讲述的是更加“男人味”的生活方式，以及爱尔兰的清新和自然美。

因此，高效的品牌、公司或销售人员懂得自动向你讲述好故事，而且讲故事的方式也正确。非常有吸引力的好故事，可以让人们情不自禁地聆听和吸收，也必定会引导人们去购买其产品。换句话说，成功的故事高手诱导顾客的方式不是操纵而是参与。

在这种情况下，确定你所讲的是什么故事，已经变得非常有意义。如果没有效果，那就学会去讲述另一个更奏效的故事。构思故事的时候，重要的是要意识到，主题不是故事的唯一组成因素。

故事有自己的意境，但要通过潜台词来表达弦外之音。因此，讲故事的人要深刻了解故事主题、语境和潜台词的力量、意义和后果，这样才能创造奇迹。

从前，有两条小鱼。

有一天，它们正在游泳，

突然遇到一条大鱼，大鱼说：

“哟，小家伙们，今天的水怎么样？”

小鱼们没有应答，它们继续游泳。

最后，一条小鱼转身去问另一条小鱼：

“等一下，水是什么东西？”

故事无处不在。但我们总是忽略了它。就像鱼儿游泳的水或我们呼吸的空气一样，它一直都在我们周围。如果你的故事编得好，也讲得好，那就是非常强大的工具，可以在你和听众之间建立情感纽带。

所以，现在，我希望大家真正地开始思考自己每天的所听和所讲，甚至是自己参与的许多普通活动。

你认为，你的生活或你的品牌或公司中有哪些故事最有影响力？为什么？

三步搞定品牌故事

第一步：一句话或一行日志

在创造故事之前，你能用一个句子来表达大前提吗？当你向人们讲述这个前提的时候，真的可以让他们为之震撼吗？直到大家异口同声地说：“哇！那真是太棒了！”你才可以停下。

解释一下，我为什么会这么认为。首先，只有思路清晰，才有助于创造一个连贯的精彩故事。其次，如果这就是你想让人们谈论，甚至在推特上发表的故事，那么，他们将会用一两句话去讲述。这就是他们要花时间去做的必要事情。如果真的很精彩，就会引人注目，你的故事就会传播开来。所以，这就是一句话背后的意义所在。

你不需要在一句话中说出你的整个故事。但是，至少尽量捕捉一般的想法和前提，让这句话引导他人去了解整个故事。

第二步：七个大问题

在我看来，当事态严重时，就会出现七个基本问题——所有讲故事的人都要扪心自问的问题。无论他们正在讲述什么题材或风格的故事，这七个问题都会存在。

所以，在这里，我希望，当你们创造新故事的时候，可以自觉地自我提问。如果没有这么做，请尝试一下。此外，可以自由选取一个你们已经写过的故事，并通过这七个问题来排练这个故事，从而真正了解故事的本质。

1. 故事的主角是谁？（你只能选择一个主角。）

2. 故事的主角想要/需要/期望的是什么？（换句话说，他们的显著问题是什么？阐述这个问题的时候，需要结合内心情感需要和存在于主角之外的具体物质需求。）

3 谁/什么阻止了主角取得自己想要的东西？（谁/什么真正又明显地妨碍了主角？）

4. 最后，主角如何以一种非凡有趣且意想不到的方式去获取自己想要的东西？（例如，在爱情故事中，我们知道恋人们想要相聚，却不知道他们如何相聚。）

5. 以这种方式结束这个故事，你想说点什么呢？（你的主题是什么？）

6. 你想如何讲述你的故事？（应该让谁讲这个故事？如果你要讲故事，应该使用什么叙事技巧？）

7. 你的主角和配角们如何在故事中发生变化呢？（这都是关于人物弧线的问题，就是这个变化让故事引起观众的情感共鸣。）

第三步：故事大纲

现在，如果你已经成功地回答了这七个大问题，那么，你应该非常清楚你的故事讲述的具体内容了。太棒啦！现在是时候深化故事，并付诸实践，看看它是不是真的奏效！（如果不奏效，不要担心。我会很快提供其他一些有价值的技巧来帮你促使它发挥作用。）

现在，让我们尝试一下，以故事大纲的形式，将故事重新组合在一起。故事大纲又叫分场大纲或分集大纲。你想怎么叫就怎么叫。但基本上，它只是一系列句子或小段落，但可以概述整个故事。因此，不要使用太长的对话或者美妙的短语（当然，如果你想到了精彩的措辞，请在你忘记之前记录下来）。现在，对话不是你关注的焦点。现在，你需要做的就是说出故事的要点，搞清楚你拥有的是什么，是什么在发挥作用，你的主要问题在哪里。

请注意，你可以使用已经写成的故事或者尚未充实的想法来完成此过程。

如果你想要翻新一个老故事，那就尝试着做一个故事大纲，用一两句话表达故事中每个重大时刻的一到两个目的。如果你只有一个想法，想象一下，故事中的每一集或每个事件应该如何整体描述你的故事，并根据你心中的事件发生顺序记录下来。

无论采取哪种方式，你的故事里的一切重要时刻都应该非常具有启发性。于是，你会很快意识到，你的故事里有着很大的漏洞，这就促使你去寻找漏洞所在的地方。那么，你现在唯一需要做的就是学会在故事里填充必要的故事元素。易如反掌，是不是？

我喜欢在自己的电脑上做一个 Word 文件。当我安排妥当一切主要场景或时刻，并列成正确的大纲时，我唯一需要做的就是描述场景和动作，添加对话框。你瞧！这就是我的故事初稿。

案例研究：旁氏无瑕透白系列

现在，我要讲一讲我曾经研究过的一个国际品牌的案例，以便进一步介绍故事发挥作用的方式。（我曾与许多品牌和公司合作，但在大多数情况下，我都签署了保密协议，所以，我无法分享那些故事。我和旁氏无瑕透白系列产品的团队一起共事，旁氏的全球品牌总监同意让我讲述这些故事，所以，我开始讲故事啦。）

旁氏的护肤团队遇到了一个难题。他们有一款很棒的新产品，研究显示，这款新产品可以在七天内彻底改善女性的皮肤。那么，也许你会问，这个难题是什么呢？

问题是如何以可信又可靠的方式将这些信息传达给目标市场呢？全球品牌总监认为，仅仅利用皮肤分子特写和皮肤损坏后又得以改善的前后对照图，并不能搞定这个问题。

他知道，最有效的方法就是讲述一个引人入胜的故事。他也渴望尝试新的事物。他知道，电视观众的参与度在下降，越来越多的人选择去观看互联网上播放的视频录像。换句话说，人们正在尝试不同的方式来避开广告，如果你希望他们观看你的广告，那你的广告必须独特新颖，引人入胜。

我和他讨论，以系列剧或肥皂剧的形式讲述旁氏无瑕肌肤的故事，并增加几个电视广告。这是一个巨大的风险，因为拍摄成本过高，而且也有可能让观众晕头转向，甚至会让顾客敬而远之。

然而，我喜欢这个创意，它的优势十分明显。我也知道，如果我们的第一个商业广告就可以吸引观众，那就有希望让他们观看其余的节目。然后，他们可能不会点击关闭这些广告，而是在网上寻找我们的广告，甚至把这些广告发电子邮件给朋友和家人。

我们有自己的核心理念，我们也知道涉及的风险和回报。但是，我们并不紧张，因为我们知道这个挑战需要什么：扣人心弦的故事，一次又一次地吸引听众的注意力。我们还知道，产品的惊人效果会在七天之内体现出来，因此，我们的故事也必须在七天之内进行。

我和这位全球品牌总监，以及一个天才撰稿团队一起开始工作了。我们集思广益，编造故事。我还做了笔记。我们致力于讲故事的三大步骤。我们找到了故事的主角、故事中的障碍，以及令人惊讶的结局。我们确保这个故事与品牌的主题一致。我们还牢记在心——故事的主角必须在故事中发生改变。

我们列了提纲，还做了很多笔记。然后，不断地改稿，继续做笔记。最后，他们开始拍摄。我们自己还做了一系列短片，我们认为，这是一个情感力量巨大的故事，也传达了我们需要观众知道的产品优势。

但是，最大的问题仍然是：人们真的很关心我们广告中的人物和故事，并想要看全部内容吗？（嗯，如果你好奇，那就随意去看看视频网站上的旁氏真彩净白“七天美丽计划”电视广告吧。记得要亲眼看看。）我很自豪地说，这个故事一飞冲天，更重要的是，它非常受欢迎。女人们喜欢它！产品销量飙升！我们十分激动。

尽管如此，乐趣还在继续。因为这个品牌进展得很好，优秀的旁氏员工们决定推出一些更有声望的产品——“黄金光辉”抗衰老产品。在这种情况下，他们需要更有效的广告活动，因为该产品将比其他旁氏产品更昂贵。

这就需要内容丰富的故事了。这位全球品牌总监说服了我和所有的营销高管、创意人员去巴厘岛，在那里花了一星期的时间集思广益，终于想出了一些特别的东西。以下就是那一周我们居住在这个神奇岛上时依次发生的事件：

首先，战略规划师来到我们中间做了简短的介绍，强调了“永恒的爱”的核心理念。根据消费者调查结果，他非常清楚的是，这款产品的目标人群是一些看上去比较衰老的女性，她们会担心失去丈夫的爱。她们想要一种灵丹妙药来保持年轻的形象（谁不想这样呢），以确保丈夫永远爱她们。

所以，我做了一系列关于浪漫故事的讲座，然后，我们做了一系列的创作工作。我们想出了一个好形象——金色婚戒。我们还想出了一个好剧情：几百年来，发生在两个命运多舛的几世恋人之间的爱情故事——他们曾经被迫分开，最后终于走到了一起。

但这只是开始。剧本需要大量的工作，所以，文案人员不断地改稿，我和全球品牌总监做笔记。我们花了几个月的时间，终于写出了终稿——那是一个引人入胜的故事，也特写了那一枚金光闪闪的婚戒和产品。

结果是惊人的！电视广告赢得了多项殊荣。（去视频网站搜索一下旁氏黄金光辉“永恒的爱”电视广告吧。）现在，关键的问题是：如果你没有数百万美元做大型电视广告，并把你的整个团队带到巴厘岛，那该怎样呢？

答案很简单，就是雇用我。我会和你一起去巴厘岛，我们可以把团队的其他成员留在家里，然后进行低成本的生产。严肃地说，答案真的很简单。大量的预算让大量华而不实的电视广告和花哨的广告活动变得更加容易，但到头来，如今人们只要花一点点钱，就可以通过印刷品或互联网来讲述故事，而且依然会产生巨大的影响。

关键因素并不是预算问题。你需要了解你的产品和听众，你需要知道你的品牌接下来会发生什么，然后，创建一个新的品牌故事，从情感上吸引你的核心目标消费群。

仅此而已，但这就足够了。

第八章

好故事第一定律——结构！结构！结构！

如果历史以故事的形式进行教学，那就永远不会被人遗忘。

——鲁德亚德·吉卜林，《作品全集》

当一个故事不起作用的时候，通常是因为结构的问题。因此，让我们深入研究并探讨一下结构因素吧。我们已经讲述了故事发展中的三层结构和三个步骤，现在，我们将要介绍让故事更加奏效的更多概念和原则。

当我们谈论结构时，我们指的是故事元素的排序和节奏。换句话说，你需要放入哪些场景和动作，你需要省略什么，以什么顺序进行？为了进一步解释这个问题，我就拿一位好莱坞巨星为例吧。伟大的电影导演比利·怀尔德曾经说过，如果你的故事结局有问题，那么，不要改变结尾——请修改第一幕。这里需要注意的是结构原则——建立结构和收到效果。这说明，每个优秀的故事的作者都要对故事进行恰当的结构修改，使一个缺乏力量的故事突然变得栩栩如生。以下是广泛适用并易于遵循的一些有趣技巧和原则：

学会抢镜头

如果你愿意，那么，你的镜头质量和顺序、你讲故事的时刻、你像堆积木一样的巧妙叙事手法，可以共同决定你的故事是否真的有效。所以，让我们先花点时间学习如何创造伟大的场景，然后再继续前行。其实这并没有固定规则，但在场景构建方面，下面这些是我最喜欢的技巧：

1. 晚点进入场景，早点离开场景！

2. 每个场景都需要自己存在的理由。

3. 这些场景是由因果关系决定的。（所以，每个场景都很必要，都有助于推进故事。）

简单地说，你要选择正确的场景组合，以正确的顺序并列在一起，不要忽视每个场景，同时将主情节与子情节元素相结合，如此，你便可以创造一个真正令人着迷的故事。但是，如果你将故事分解成一个个小场景或分镜头，那么，你又可以看到它的真实模样和作用，以及哪些地方需要修复。

这里包含的所有场景，对于推动故事至关重要。每个场景都应该有一个存在的理由，每个场景的尾声处，故事情节都应该有一些变化。当你从一个场景切换到另一个场景时，请考虑顶峰和谷底、高潮和低潮、快乐和悲伤、内部和外部的交替。如此，就像一场伟大的交响乐一样，你的故事中充满了音乐和节奏。

抓拍也是一种好办法

现在，我们来看一下场景本身。如果感觉臃肿，请考虑使用快照。考虑一下宝丽来相机。图像中的哪些特定事物最有说服力？你显然无法描述这一切，那么，你该怎么做，才能让一切元素栩栩如生呢？发自肺腑地考虑一下视觉之外的东西，比如，质地、颜色和其他感觉。例如，我知道，抓拍没有什么气息，但是，什么气息可以赋予其鲜活的生命力呢？气息是一种强大的感觉，却往往被忽视。

通过深入了解你的故事中的基本场景或镜头，你现在应该可以放心地推进故事了。剩下的剧情应该很有趣。你知道你需要什么场景，知道场景在何时开始和结束。你现在唯一要做的就是让人物角色变得有血有肉。

当人物之间互相交谈时，请你聆听他们的声音。捕捉每个镜头的气息和视觉特征。如果你准备了一个很棒的大纲，就不要害怕面对空白的页面，因为你不会遭遇作家的窘境。当你开始敲击键盘时，就确切地知道每个场景需要做什么。你知道故事的发生地，这取决于你把每一个场景都写得栩栩如生！

老裁缝的完美之作

一个小伙子前往一家裁缝店去订制一件漂亮的婚礼燕尾服。老裁缝量了量小伙子的尺寸，记下了订单，收下了押金。小伙子说："我一个月后就结婚了，所以，我迫切需要它！"

"可是，这很棘手啊，我要花一点时间才能完工。"

"我真的需要在三个星期或更短的时间内拿到衣服。"

"哦，好的，"裁缝说，"别担心，我会准时交货的。"

小伙子不悦地离开了。他担心老裁缝不会及时完成他的燕尾服，他每天给裁缝店打一次电话，以检查进度。每天，裁缝都向他保证，他会及时准备好燕尾服。

一个星期过去了，两个星期过去了，三个星期过去了。小伙子每次打电话，得到的答复是一样的："还没准备好。"

最后，在婚礼的前一天，老裁缝叫年轻人去取衣服。

小伙子跑到店里，确定他的燕尾服已经完成了，而且非常完美。他支付了余款，拿起燕尾服，正准备离开，然后，他在门口停住了。他转过身去看着老裁缝，说道："师傅，恕我直言，上帝只要7天就能创造全世界，你却花了31天才做完一件燕尾服。"

老裁缝回答说："哦，请你看看这个世界，再看看这件燕尾服！"

这个故事要告诉大家一个什么道理呢？

我想，这是一个完美的故事，可供作家们去聆听和思考。就像这位老裁缝一样，我们的作家正在不完美的世界中追求完美的事物。这是一个漫长而艰苦的斗争，但值得一试。对于周围的世界，我们可以控制的地方太少了。所以，我们应该紧紧抓住并小心应对我们创造的词汇、我们编造的句子，以及我们与他人分享的故事。

我们正在写的故事类型是行业中的热门还是冷门，我们没有把握。我们无法控制人们是想要大预算还是低预算的项目，但是，我们可以控制我们自己的故事。

我们的故事是我们唯一可以控制的事情，但我们也不能让故事早产。很多作家最大的败笔之一，就是让自己的作品成为虚弱的早产儿。

当我们开展一个项目的时候，总是会兴奋不已，结果却等不到真正完工，并准备好向他人展示的时刻。因此，我们大多数人都习惯于早早地结束项目。

关键问题是要坚持和修改。当你花几小时的时间来重写故事和完善艺术的时候，需要遵循一大堆规则、技巧和方法，它们可以助你一臂之力。这些就是我们花了25年的时间创造和再创作的结晶。它们之间没有任何特定的顺序，但只是几个概念，真心希望它们对大家有所帮助。

这些方法和技巧不仅可以教你讲故事，还能引导你创造有趣的故事。

凌晨两点综合征

当我与人合作写故事的时候，我总是教导他们放慢脚步，暂时放下稿子不管。只有当你可以客观和远距离地阅读这些稿件时，才能重新审视它们的内涵。我们大多数人都受到我所说的“凌晨两点综合征”的折磨。换句话说，很多时候，我们在凌晨两点左右完成了写作，并相信故事非常棒。但是，当我们第二天醒来，并阅读它的时候，就会发现它破绽百出。

我们对待自己的工作，很难做到客观——真实客观。这就是我要花大量时间去咨询他人的原因。事实上，通常只有旁观者才能看到——在哪里做文章，才能让故事大放光彩。当然，这就是每个出版社都有编辑的原因。

于是，我敦促合作伙伴们暂时搁下他们的故事。然后，当他们准备重新审视这些故事时，我建议他们通过以下有趣的方法和技巧去尝试重述自己的故事。但请注意，这些只是我在过去几年收集的一整套不同的规则。似乎有些内容有用，有些内容则没什么价值。没关系。关键问题就是找到适合你的东西。而且，当你阅读本章内容的时候，我想让你问自己一些似乎不言而喻的问题。

这样也很好啊。这意味着，为了讲述一个精彩的故事，你已经在做很多必要的准备工作了。主要问题就是，通过这个过程，你可以清除故事中的问题，进一步展开你的故事，所以，一旦故事问世，它就会掷地有声。

故事专家和听众的约定

最后，为了讲述精彩的故事，有这样一个约定。故事专家说："我要告诉你一个好故事。"听众说："我要相信你，与你保持联系，我要停止怀疑你，但是，你的一句错话或一个不给力的行动，就足以摧毁我的堡垒，我还是会怀疑你，离开你。"

我一直认为，这是可能的事情。我做一个错误的动作，就可能失去听众。所以，我总是质疑：这个故事让我发自肺腑地满意吗？是冲动还是理性？它感动我了吗？触碰我的心弦了吗？在哪里？如何呢？

请讲述引人入胜的精彩故事，并始终不断修改故事的不足之处，让听众完全沉浸在你的故事世界里。

找出故事中的破绽

讲故事就是要为听众创造一个身临其境的世界，正如我刚刚指出的，糟糕的故事可能会让你失去听众。当你的听众的思绪处于游离状态的时候，你就遇到麻烦了——“嘿，等一下，哦，这是不可能发生的！”或者“等一下，你感觉错了！”

我过去和母亲伊芙琳一起看电影的时候，就开始对此深有感触了。当我们坐在电影院里看电影，或者在家里看电视的时候，每当故事里出现一个漏洞的时候，她总是会拍拍我的肩膀，说道：“理查德，你是个讲故事的专家。这里出什么问题了？这完全说不通啊？对吧？对不对呀？”

你知道吗？她的直觉总是很对。即便她不是作家，也会本能地感到故事中的问题。她最初沉浸在故事中，然后，她被某个一问题吸引，从故事世界中走了出来。结果，她向我寻求解释。

从本质上讲，她最初没有怀疑，然后，当故事变得散乱或出现破绽时，她感觉到了这一点，再也无法停止怀疑了。作为一名故事专家，你的工作就是确保不要发生这样的尴尬事，并建立一个前后一致、合情合理的故事世界。

木板砸头的感觉

当听众感觉被说教的时候，就不想再听故事了，这就是我所说的“木板砸头”现象。换句话说，没有人会喜欢被木板砸中头部的感觉。你的工作就是为了吸引听众的心——无论听众是谁。

你要躲在雷达下面，投下炸弹，然后迅速撤离。你可以给他们娱乐，让他们着迷，以此来达成目标。“意识”一词来自拉丁语“知识”，所以，当我们“意识到”的时候，就看到了我们已经在故事中获知的东西。一个优秀的故事专家总是会利用已知的地盘，讲述一个未知的故事，并构思一组新的角色或情境来完成这个故事。

最后，值得注意的是，我在这里谈论的一切都取决于听众的反应意识。因此，无论你是多么好的故事专家，都需要检验和调整你所讲的每一个故事。这就是好莱坞为什么在发布电影之前进行试映，百老汇的戏剧制作人为什么要进行一系列的预演，众多律师为什么要在未来的审判区域与潜在陪审员进行模拟试验，以检验自己的开场白与结束语。所有这些都是为了探索即将问世的故事如何影响听众的情绪反应。最后，一定要关注他们，而不是你自己。也就是说，一定要关注听众，而不是讲故事的人。

我现在十分清楚一点：这里的关键问题是合法的巧妙操纵。无论你喜不喜欢，作为一个讲故事的人，你都必须稍稍善于巧妙操纵！你的工作就是改变（即处理）这个故事，以创造出你所期望的情绪效应。因此，请注意，我没有引用这个词的负面意义。没有人喜欢被人操纵或成为操纵者本人。

最后，所有的故事都是关于巧妙操纵，好故事和坏故事的区别就是巧妙操纵的合法性。讲故事的人感动了我，故事结束时，我想鼓掌？还是他激怒了我，或让我失望了，并感觉自己被他操纵了，结果，我想拒绝这个故事呢？聪明的操纵者知道，他们操纵的人永远不会有被人操纵的感觉。相反，那些人会心甘情愿地认为自己经历了一次伟大的旅程！

听众为什么关注你

听众关注你，是因为你的人物和故事引起了他们的共鸣。为了让他们继续关心下去，你需要保持悬念和紧张。通常，我给客户的两大建议就是："谁在乎？"和"需要更多的紧张感！"

你的听众需要投入关注。当他们感觉紧张的时候，就会保持关注度。就是紧张情绪让他们参与到这个故事中来。就是紧张情绪让他们想知道更多。如果他们担心故事里的人物和巨大风险，恐惧失败和飘忽不定的未来，就会感到紧张。

是的，所有这些因素都是必要的，当这些因素一起朝你袭来的时候，你的紧张感和故事的精彩度便会成正比。

模仿《绿野仙踪》

很多时候，故事的开场很棒，但很快就会变得混乱不堪。如果你在讲故事的时候遭遇了阻碍，请看看《绿野仙踪》是怎么处理的。起初，多萝茜想逃离家乡，然后到达奥兹，她需要寻找魔术师，然后，一旦找到他，为了回家，她必须拿到巫婆的扫帚。她寻找扫帚的过程推动了故事向前发展。

所以，我总是问我的学生，你的扫帚引擎是什么？你的主角如何推动这个故事的情节？而且，这个想法必须始终清楚地表达在故事中，供听众关注，即便它在故事过程中发生了变化——就像在《绿野仙踪》中一样——也无妨。

满嘴跑火车

用100页的篇幅来描写一个剧情连贯且主题统一的故事，是非常困难的事情。因此，如果你感觉故事的结构松散，或者有人说你的故事结构松散，很抱歉，你的故事遇到麻烦了。关于结构松散的故事，我曾经听过的最佳比喻就是，感觉就像是“满嘴跑火车”。

那么，你如何保证你的故事不会遭受这种悲惨命运呢？在一个结构松散的故事中，各个场景本身可能很棒，但不能在整体中发挥作用。因此，请思考一下你的故事。每个场景都能让听众心中萌发进一步的想法，以便有兴趣继续聆听下去吗？每个场景中都有问题吗？如果解决了这些问题，就会激发更多的新问题吗？还有一些更加重要的问题和故事话题，只能在故事的结尾得到解答吗？

如果成功解决了这些问题，你就可以游刃有余地组织故事情节。

情景记忆法

我在一堂创意写作课中学到了一门技术，那就是“情景记忆法”。读者可以参与其中，他们不仅是旁观者，还是当局者。实质上，你尝试用这种技术去拆开写作，这样你就不用描述任何情绪了。你只要告诉读者：发生了什么事情；什么东西吃起来、嗅起来、看起来或听起来很像什么，但又不是什么。

让我举一个例子。请看一看这句话：“弗兰克筋疲力尽又紧张不安。”

这句话在语法上合情合理，表达了弗兰克的情绪状态，但是，读者会弄不清怎么回事。

现在再看一看这句话：“弗兰克用手指绕着电话线，绕来绕去。”

这句话传达了与前一句相同的信息，但是，读者必须想象弗兰克的行为，然后，读者通过想象力得知，弗兰克筋疲力尽又紧张不安。

在这个过程中，这些动作会被描绘成故事，而不是与它保持距离。所以，这种技术可以帮助读者进入故事，而不是推开故事。

史上最简单的写作定律

具体情况具体对待！这里有四个简单有效的写作定律，可以确保你的故事尽善尽美。

1. 尽量减少形容词。
2. 尽量减少副词。
3. 尽量增加强化动作的动词。
4. 尽可能地将主语和动词放在一起。

第九章

好故事第二定律——人物和对话

我会告诉你的是——故事不只是娱乐。不要被它们愚弄了。它们就是我们拥有的、你们看到的，以及我们必须打败的疾病和死亡。

——莱丝丽·西尔科，《仪典》

讲故事的一切技巧和规则都离不开听众参与。它们就是与客户建立一种情感联系，让他们关注品牌，并维持他们与品牌的联系。大多数故事的宗旨就是：创造深刻的情感投入。本章将继续介绍一系列与人物和对话相关的有效方法和技巧。

如何塑造大反派

西方电影历史上有一位最著名的反派演员，他就是李凡·克莱夫。在他临死之前，有人问他："你一生都在扮演坏人，坏人的生活到底怎样呢?"

他回答说："哎，我从来没有在生活中扮演坏人啊!"

我认为，他在这句引语中只是想简单地表达一个意思——作为一个演员，他从来没有想过自己是个好人还是坏人，而只是一个正在努力实现目标的人而已。如果这个目标涉及杀死别人，那就顺其自然吧。他没有把道德带入进去，只是从性格动机的角度来考虑问题。

这个例子有助于作家塑造大反派。大多数坏人不认为自己是坏人。如果这样考虑的话，那就更容易塑造地地道道的大反派或至少是毫无愧疚之意的坏人了。

每个角色都要真实可信

每一个故事都需要矛盾冲突，而这通常以反派的形式出现。这样一来，感化坏人的问题突然出现了。如果一个坏人只是纯粹的邪恶，他可能会像讽刺画一样破坏你的故事。但是，如果一个坏家伙或坏女孩太引人注目或令人怜悯，那么，他们可能会颠覆你的故事。那么，如何塑造一个靠谱的反派来推动你的故事呢？

如何教化坏小子或坏姑娘呢？最简单的方法就是给他或她一只可爱的小猫咪。当然，你不能突然弄来一些小猫咪——瞧！一定要精心塑造一个可爱的反派。我的意思是，坏人也有生命。

他们需要吃饭和睡觉，他们可能会有宠物，比如小猫咪。想一想他们都是完全真实的人，他们将在你的故事中扮演真实的角色，而不是漫画中虚构的人物。

与此相反，如果你让他们太可爱，太真实，太喜欢小动物，那么，你的听众可能会喜欢他们胜于喜欢故事中的主角。所以，务必要小心。

答案就是这么简单：让故事中的反派形象真实可信，但不要让他们抢去主角的风头。

你需要事先埋下伏笔

你还记得那些老式 V8 电视广告吗？人们忘记一些事时，他们可能会拿一瓶 V8 鸡尾酒狠拍自己的脑袋。我曾经喜欢过那些电视画面——每每忘记某事的时候，就会模仿 V8 广告狠拍脑袋。

我要说的是，有时候，故事的结局很糟糕。有的角色处于紧张不安的状态，当他们需要一些重要信息时，就会绞尽脑汁地思考，随后狠拍自己的脑袋，说："为什么我以前没有想到这个？"

大多数时候，这个动作显得轻松却虚假。若想这个动作发挥作用，关键需要事先埋下线索。如果在第一幕和第二幕中巧妙地多次埋下伏笔，那么，进入第三幕的时候，角色就已经被记住了。如此一来，你会感觉这个故事很自然，而不是设计而成。因此，听众将会欣然接受这样的剧情。

不要忽视重复的元素

为了跟上 V8 概念，还要塑造患有咯血综合征的角色。在一个故事中，如果我们在叙述过程中看到一个人物咯血两三次，那么，他们一定会在剧终之前死亡。

这真的不是有意识的安排，但我们会这样认为。

在现实生活中，当有人咯血时，这不是一件好事，但不一定会在几个小时之内死亡。但在故事中，这样的具体事实不会平白无故地出现。在精心设计的故事中，所有的元素都是出于某种原因，特别是重复两三次的元素。

想一想吧。这个角色的大部分生活都没有写进故事里，作者选择写进故事的那些事件通常都是出于特定的原因。

因此，作为听众，我们要本能地密切关注故事中的暗示。如果有人说某事或做某事，请注意，此事可能会再次出现并推动故事发展。

因此，你有责任以巧妙的方式埋下线索，这样可以推进你的故事，最后把故事中的所有元素都结合在一起，给整个故事一个完美的结局。

主角首次登场的细节

正如马尔科姆·格拉德威尔在《眨眼之间》一书中所说，第一印象非常重要。所有的故事都是如此。想象一下你的读者或听众第一次遇到重要人物的场景，这是非常有必要的。

首先，考虑第一次见面的时间和场景设置。在浪漫的喜剧中，人们会谈论一次美好的会面。然而，对于任何类型的故事，我们的初步印象十分重要，作者必须花大量的时间去考虑有关事宜。

当听众第一次见到主角时，场景定在哪里合适？将场景设置在这里，你想传达什么信息呢？主角在第一幕中做的事情可以加深他在听众心中的印象吗？

在思考这个问题的同时，请考虑如何通过视觉简单地传达大量信息。这就让我们想起了“路边的小狗”。你可以想象一下这样的场景：当故事中的主角第一次出场时，如果他正走在大街上，遇到了一只可爱的小狗，他会有什么反应？

也就是说，你的听众需要知道这个角色的一切表现。他是踢小狗、喂小狗，还是忽略小狗呢？每个选择都会展示明显的人格特质，我们渴望马上知道，你的故事中的角色是什么样的人。

所以，想一想，你如何第一次呈现故事中的角色，以及你会让他们有何表现。

故事的力量在于展示

精彩的商业演示，可以让客户在虚线上签字，这意味着数百万美元的业务。优秀的律师，可以通过讲故事来制造“改变人们行为”的信息，甚至可以让陪审团改变其对委托人的看法。出色的编剧，可以通过写剧本来让读者感受不一样的世界。伟大的剧作家，可以写出精彩的剧情，剧院里短短两个小时的观看就可以改变观众的思维。伟大的小说家——当然，他们可以改变世界。这种情况以前发生过，以后还会发生。

所有这些不同的媒介，通常都是根据讲故事的基本原则来完成任务的。正如他们在伟大的“不轻信之州”——密苏里州所说的：展示给我看，不要说给我听。(你以前也许听说过这句话，因为它太重要了。)

最好的例子就是契科夫的故事，下面引用一句他的名言：“不要告诉我，月亮是闪亮的。让我看看破碎玻璃上的月光。”这是一个故事高手的至理名言。他让你看看闪闪的月光，你就会领悟一切了。

比方说，有人问你，喝水的正确方式是什么？你就要展示出来。如果你的读者认为，你的结论已经汇聚了所有已知的有效信息，那么，他们会认为，你的故事可以达成他们的心愿，因此，他们会感谢你的指导。

下面是一个类比，可能有助于解释这个概念。实质上，作为一个优秀的故事专家，你需要像优秀的数学老师一样思考。对于一道很难的数学题，他不会给学生答案，而是给他们提供解决方案，让他们自己找到正确的答案。

故事中的主角需要成长

在你的故事中，主角非常重要。所以，让我们谈一谈故事里的主角吧。其实，有两种主角：完美主角和不完美的主角。不完美的主角更有趣。所以，我一直敦促我的学生尝试在故事中创造一个不完美的主角。于是，这位主角就会在故事中不断地成长、学习和改变。如此，一个好故事便会出炉。

请考虑主角的特殊技能与弱点。然后，在故事的进程中，让他们发挥自己的优势，以克服自己的弱点。这样就会导致人物的成长，我喜欢称之为“人物弧线”。你创造的角色千万不要一成不变，在故事开端时是一个人，在故事结尾时一定要变成另一个人。

3P 原则

如果你的角色形象臃肿或刻板，那就试着想一想，如何让他们立体化。换句话说，尝试着塑造出一个个栩栩如生的角色。我喜欢称之为“3P 原则”：

- 职业（Professional）
- 个人（Personal）
- 心理（Psychological）

你需要了解你的角色生活的各个方面。例如：他们做什么工作来谋生？他们在哪里工作？他们赚多少钱？他们的个人生活如何，包括家人、朋友和家庭生活？他们的内心或心理世界如何？

当你将这三个方面考虑在内时，一个角色的形象才会变得立体化。当你考虑到所有角色的三个方面时，你的故事才会真正变得立体化。

好故事的七要素

一个好故事应该一次具备很多要素，并且为多个目标服务。我喜欢用首字母缩写来解释一个好故事的七要素——S. U. C. C. E. S. S。换句话说，一个好故事应该具备以下几点：

- 简单（Simple）
- 出乎意料（Unexpected）
- 具体（Concrete）
- 可信（Credible）
- 感人（Emotional）
- 简洁（Succinct）
- 拼写正确（Spelled properly）

当你创造故事的时候，不妨用首字母简写来列一个要素表。另外，弗兰克·兰茨在《有效词汇：不是你说出的，而是人们听到的》一书中列了一个类似的要素表，有助于确保任何信息都能发挥作用。他的要素表包括 10 点：简单、简洁、可信、一致、新颖、合理、愿望、直观、质疑和语境。

所以，无论你喜欢我的七要素，还是兰茨的十要素，最终的结果是一样的：两者都帮助你创造一个精彩有效的好故事。

我们还要记住一个重点：我们是要讲故事，而不是给故事下定义。你只是向导，确保你的听众获取他们需要的东西。你的工作是让你的听众从你串联在一起的事件中获得故事的寓意。

反派是怎样诞生的

在老电影中，反派必然会显示自己成为流氓的原因。例如家中的母亲需要昂贵的手术费，坦率地说，抢银行是他们快速挣钱的唯一途径，因为他们生活在奥巴马医改之前，社会地位低下，家里一贫如洗。

那么，我们可以从中汲取什么呢？

首先，现在有点过时了，所以尽量不要使用它。第二，更重要的是，它所表现的是需要证明一个人物的行为是正当的。为了让我们理解和支持一个角色为什么这么做，这需要一个听众们可以接受的好理由。

如果你想让故事中的坏人成为这样一个不道德的反社会精神病患者，他就会杀人作乐，所以，你需要考虑一个人变成“坏人”的动机和起源。

最有魅力的女主人

假设我来到你家参加一场派对，你一直在厨房忙着准备食物。如果我到达时，你没有在门口迎接我，并且我站在门口的时候，你也没有跟我说话，你觉得，我会怎样看待你的派对呢？对此，我可能不会说什么积极的话吧。

但是，如果你用一个温暖的拥抱来迎接我，然后，你把我逐一介绍给了参加派对的每一个人，还不断地提及我可以和大家共享的具体事物，以便我能快速融入这个集体中，那么，结果会怎样呢？

你认为，那天晚上，我回家后，会怎么评价这场派对呢？

那么，这与讲故事的时候的必做之事有什么关系呢？实质上，我相信，这是作家必做之事的恰当比喻。你就是故事中派对的女主人。

当讲故事的时候，就是在吸引听众，将他们与故事中的角色连在一起，并把他们带入你的故事世界。事实上，你就是最有魅力的女主人。

大多数时候，我阅读一个故事，如果作者在第一页就介绍了几个人物，从那以后，事情变得更糟了。剧情有点强人所难，令人倒胃口。所以即便你非常了解故事中的人物和氛围，也不能过早地扔掉读者。首先，你需要让读者与你的主角联系，然后，只有这样，你才可以把读者与主角一起带入故事世界，让他们一起去邂逅其他角色。此外，你必须在正确的时间以正确的方式和正确的顺序讲出正确的故事，让听众看到全部画面。

你已经通过故事创造了一种信任纽带，这是一种基于你和听众之间刚刚发生的真诚交流的关系。

一旦这种关系变得清晰，一旦你建立了主角和听众之间的信任和互动，你就可以利用这个纽带将听众带入你的故事，那么，是时候考虑故事中角色之间的对话了。所以，下面有一些好技巧，帮你构建角色对话的框架。

对话越短越好

对话的关键是简洁。很多时候，在商业环境中讲故事的时候，我们可以通过增加一些对话来让故事活泼有趣。当然，如果你擅长方言，不妨加一点口音，但是，一般来说，我建议我的客户小心行事，不要有太重的地方口音。总之，对话确实可以让故事栩栩如生，我们可以随时添加。

我一直最喜欢的对话，就是电影《逃出亚卡拉》中有关克林特·伊斯特伍德扮演角色的一段简短对话。有人问他："你的童年过得怎么样？"他回答了两个字——"短暂"。

他用一个词概括了我们需要知道的一切。使用对话，你可以让你的故事充满生机，但要谨慎使用。

巧妙的对话

一个故事通常得益于巧妙的对话。但是，什么是巧妙的对话呢？

事实上，现实生活中的对话和讲故事中的对话是两码事。当你把现实生活中的对话放到故事当中的时候，听起来就不真实了。相反，它听起来很假。

在现实生活中，我们可以说出我们想要的东西，但故事中的巧妙对话通常不是那么直接。当然，在故事中，有时也需要某个角色大喊大叫："小心那辆超速奔驰的奔驰车，它正向你冲过来！"

但是，一般来说，我们最喜欢的对话充满了和谐、风趣和大量的短语。它会让故事更加深刻，而不会显得单调乏味。而且，理想情况下，它比现实生活中的对话更灵活有趣。

百万富翁的拙劣台词

小时候，我喜欢看兔八哥漫画。我清楚地记得一个情节——埃尔默·艾玛曾经说过这样的台词："我的名字是埃尔默·艾玛，百万富翁，我拥有豪宅和游艇。"

几十年后，我还记得这句台词，我想是因为它是如此不和谐。即便在年少的时候，我也知道人不应只宣布自己是谁、干什么的、拥有什么。如果他们这样做，那就不太好了。我的母亲教给我谦卑的美德，不要在见某人时宣布自己的财务状况，那样不真实。

我们可以这样吗？可惜，大多数时候，我的学生提交给我的作业，都是使用对话去传达“咄咄逼人”的信息。我们要找到直观有趣的方式来传达一个人是一个百万富翁的信息，而不是让他宣布自己的经济地位。在视频中，这很简单。让他乘坐豪华轿车或劳斯莱斯去参加会议，就可以展示他的经济实力了。简而言之，不要使用对话来传达你可以巧妙暗示的敏感信息。

逼真的描述

艺术是我们的下一个关键要素。让我解释一下。如果你在快餐店放一台录音机，录下两个人的对话，然后打印出来，那么，它读起来就不像真正的对话，虽然这真的是一个逐字转录的过程。

因此，我们必须重点去处理现实的再现，这就是所谓的“逼真描述”。作为故事专家，你的工作不是创造真实的对话，而是创造听起来好像是真实的对话。这里的区别是——这里的“听起来好像是真实的”就是一切。

还有，大多数商业故事不会讲很久，所以，对话的数量应该是有限的。然而，即便有这些限制条件，你也可以偶尔插几句对话，让你的故事变得更加生动有趣。

第十章
好故事第三定律——修订的完美艺术

艺术永远不会结束，只有扬弃。

——达·芬奇

正如奥斯卡·王尔德所说的，我们必须放弃原来的故事，一次又一次地修改和重写。然而，在此之前，你可以借鉴许多方法和技巧，以便最大限度地打磨故事，使其成为精心制作的版本。只有这样，你才可以向世界展示成熟的故事。

多安排一些冲突事件

向我学习讲故事的大多数人都很善良。他们都是好心人，想成为出色的故事专家。很多时候，善良就是他们最大的障碍因素。作为人类，他们太过善良，以至于不能成为出色的故事专家。

出色的故事专家必须残酷无情，至少，他们的角色和发生在他们身上的事情，应该残酷无情。事实上，作为构建故事的人，你的工作就是找出可能发生在你的角色身上的最糟糕和最可怕的事情。然后，让这些事情发生！

我最大的建议就是："太简单了！你的故事中的事情不太容易发生。需要更多的冲突才行！"通常，我们安排给角色的事情太简单，我们需要回过头去，制造更多的冲突，"节外生枝"。

对于爱上故事中角色的作家来说，这是特别困难的。但是，唉，如果事情容易实现，你的角色如何成长呢？在许多情况下，成长只会摆脱逆境，因此，作为一个讲故事的人，你要义不容辞地将故事中角色的生活变得非常困难，因而，也非常戏剧化。

按照同样的台词，总是让故事里的反派成为一个不可小觑的对手。因为这个反派不断地给主角的目标设置各种障碍，从而帮助你驾驭这个故事。

听众与主角的位置关系

在故事中，你要为你的听众预留三个位置。在故事中的任何时间，他们和故事中的主角之间的关系，要么是对等，要么是超越，要么是不如。考虑一下这些位置的后果，再采取相应的措施。

例如，如果你想要创造更大的紧张感，就可能会把你的听众置于比主角更加优越的地位。听众可能会看到一个男人拿着一把刀躲在衣橱里。然后，当主角走进房间并走向衣橱的时候，你觉得，你的听众会有什么反应呢?

当你的听众等同于你的主角时，他们知道的与主角一样多，不会多于或少于主角。这在某些情况下可能有效，值得考虑。

在其他情况下，你可能希望让听众知道的少于主角。这种情况经常发生在侦探故事中。那个侦探已经弄清楚了这一情况，听众却需要继续阅读下去，以确定人物在做什么以及为什么要这么做。因此，故事专家让听众处于劣势地位，有助于确保读者继续阅读下去。

你的听众应该在你的故事中处于什么样的位置，以便最大限度地发挥故事的潜在影响呢?

故事的主题

北极星的位置保持不变，天空中的一切都围绕着它转。

就你的故事而言，你应该将主题视为“北极星”。这是你的主题，在整个叙事过程中要始终保持不变。这是你的主题，可以为你的故事提供价值和道德内容。

你的故事主题是什么？到了最后就会清楚吗？在故事结束的时候，你的听众是否理解了故事？

故事的主题非常重要，本质上，它就是听众心目中的故事的寓意。

让听众了解主角

这是一个大问题。你还记得《星球大战》中的那些银白色的突击队员们吗？还记得卢克和汉·索洛开枪打死他们时你的感受吗？

没有！你什么感觉也没有，因为你不认识他们。他们不但是坏人，还是不露面的无名小卒。所以，你与他们没有联系，对他们的死亡也没有强烈的情绪反应。

讲故事的时候也要考虑这个问题吗？

如果故事中的无名反派发生了不幸，请不要担心。但是，如果你故事中的主角发生不幸时，你希望我们同情他们，那么，在他们面对逆境之前，我们需要接触他们、认识他们，并与他们产生情感联系。换句话说，如果你希望我们真正关心一个人，那么，请你在他遇到不幸之前，先让我们遇到他。

你的故事必须与众不同

在犹太人传统的逾越节，人们需要思考摩西和以色列人逃离埃及的故事。他们每年都会阅读这个故事并提出问题，以便帮助桌旁的人们理解这个故事，指导他们去适应今天的生活。

在逾越节，我最喜欢的一句台词就是："这个夜晚和其他夜晚有什么不同吗？"

事实上，我非常喜欢这句台词，我已经改写了它，并与我的学生一起使用这句台词。如果你参与了我的课堂，那么，你的故事必须遵循这个原则，你必须能够回答这个问题："你的故事与所有其他故事有什么不同?"

当然，所有的故事都不可避免地会有一些结构上的相似之处，但作为一个作家，你必须考虑让你的故事与众不同。

你可以使用什么特定的元素，并利用它来让你的故事脱颖而出呢？当然，这有点强人所难，但这是你的工作！

似曾相识的场面

如果听众感觉你的故事似曾相识，那就是你的一大败笔。当你研究自己的故事时，是否有任何场景、事件或对话台词让你觉得很虚伪、过于熟悉，或者极易预测呢？我们是否遭遇了"似曾相识的场面"呢？

如果是这样，我们必须加以破坏和更新，并插入更加新颖的原创语言。

紧张场面大特写

当你看到紧张场面的时候，比如一个婴儿沿着窗台爬上 12 楼的阳台，你总是希望去延长这个过程，而不是匆匆收尾。

这是一个很好的悬念，你可以延伸这一时刻，特写这一镜头。听众喜欢这些紧张场面，而大多数作家却倾向于匆匆结束这一切。你可以考虑如何让婴儿滑一下，然后再滑一下，并尽可能夸张地延长这个过程。

故事的结局很重要

结局总是需要技巧。有一种倾向是结局过于简单化，并且需要太多的解释。结局也是非常重要的。如果你弄糟了故事的结局，那么，无论故事的其余部分多好，你都会失败，听众也会泄气。所以，当你考虑故事的结局时，请想一想《狗狗震》的故事吧。让我解释一下：

有一部古老的卡通电视剧，名叫《狗狗震》，每当妖魔鬼怪们露出原形的时候，结果都成了老威尔斯先生，他想要吓跑所有人，以便他自己卖掉所有的土地，赚取巨大的利润。得知这些妖魔鬼怪只是老威尔斯先生扮演的虚假形象的人，通常是五人侦探小组中的智者——“书呆子”猪扒，他总是站出来解释老威尔斯先生是如何得手的。

那么，我们从中学到什么教训呢？首先要小心一个过于简单化的结局，不要让一切都显露得太容易了。最后，每当你透露一点的时候，请让故事中的每个人都站在旁边倾听你或猪扒的全部解释。

听众们越来越复杂，而且，他们很快就会看到真正发生的事情。让他们把结局写在脑海中，这样的结局令人满意，也无须解释。如果你的故事讲得很好，他们就能领会你的故事寓意！

池塘里的小鲨鱼

这是我的最喜爱的故事之一。它源自我听说过的炸鱼排的故事。我不知道这是真的还是假的，但无论如何，这是一个精彩的故事。所以，我真的不在乎。下面给大家讲一讲这个故事：

炸鱼排公司的老板遇到了麻烦。消费者抱怨说，他的炸鱼排吃起来不够新鲜。销售量下降了，他不知道该怎么办。他焦急万分，于是，他把活鱼带入了工厂，让它们在池塘里快乐地游泳，直到最后一刻被加工成炸鱼排。

可惜，炸鱼排吃起来依然不那么新鲜。他束手无策，正准备认输，就在这时，工厂的门卫走到他的身边，说自己是一个很棒的渔夫，并有一个妙计。这位老板已经绝望，所以他很乐意聆听门卫的计策。门卫建议他在池塘中放入一些小鲨鱼。如此，在鲨鱼的追逐下，池塘中所有的鱼都会疯狂地游动。

就在鱼儿逃离鲨鱼之后的那一刻，它们被捕获并加工成炸鱼排。这样味道差异会很大。最后，炸鱼排吃起来又嫩又脆，结果，销量飙升。

那么，这个故事的寓意是什么呢？在我看来，这是关于我们大多数故事的一个经典比喻，我们很高兴让故事中的角色懒洋洋地游泳。我们每次写作的时候，需要做的就是想想我们如何能够把更多的鲨鱼放在我们的故事里。这样，我们就可以得心应手地让角色在生活中拼搏，让故事充满紧张的感觉和复杂的行动。一定要栩栩如生啊！

故事中的催化剂

一般来说，大多数故事都始于功能失调的情况。你有麻烦，或者你的生意遇到危机，你需要做出改变。那么，突然之间，引进了一种催化剂——比如，一款新产品，一个新系统，总之是独特的东西——故事真的要起飞了！

这就是“故事中的催化剂”。故事的开端基本上是老调重弹，而且有问题。随着催化剂的推出，故事就开始转向高潮了。然后，当所有的冲突都得以解决的时候，这个故事就达到了令人满意的结局，达到了一个新的状态。

去掉不必要的情节

最后但同样重要的是，我这里要提及的一个简单的技巧。我在分享自己的工作之前，总是自问：这个故事有这样的时刻吗——听众的眼睛会像滚热的甜甜圈一样目光呆滞？

你必须冷酷对待自己的工作。如果你的故事中有什么事没有必要的话，那就去掉它好了。无论你的开始是多么好，如果中间或者结局发展缓慢，你就会陷入困境。请搞清楚你要在故事中表达的含义吧。

最后的注意事项

最后，你可能想检查一下，看一看你的故事是否遵循如下原则。但是，请注意，你必须为听众做到以下几点，而不仅仅是为了你自己：

1. 这个故事有娱乐性吗？
2. 这个故事有指导意义吗？
3. 这个故事笼络听众了吗？
4. 这个故事触动听众情绪了吗？
5. 这个故事感觉真实吗？
6. 这个故事使用细节了吗？
7. 这个故事尽可能多地使用感官了吗？
8. 这个故事还可以变得更短、更紧凑、更好吗？

THE HOOK

第三篇

品牌故事的类型

第十一章
起源故事或背景故事

关于幕后故事，请记住最重要的两点：第一，每个人都有自己的历史；第二，大部分历史都不是非常有趣。

——史蒂芬·金，《写作之道》

在核心层面上来讲，故事发挥作用，是因为它们不分层次。换句话说，它们提供了一个无害的方式来推进剧情向前发展。我看到许多类型的商业故事应用于日常工作。以下几类故事是最普遍的。你能想到适应这些故事的例子吗？

请注意，我通常敦促客户脚踏实地地修改和润色一个美好的个人故事，以在许多情况下使用。这是你的首选故事，而且可以体现以下一种或多种的故事类型。

这可能是深入个人的东西。这是你的故事，你的人生的真实写照，这个故事说明了你是谁，你与你的公司或品牌的关系如何。你在这个故事中所涉及的个人经历既定义了你，也将你与你的公司或品牌联系在了一起。首席执行官、高管、经理、员工、职员或消费者，都可以讲述这个故事。你的专属故事可以有如下几种类型：

起源故事：此类故事将公司的起源与世界联系在一起。同时，它可以让消费者以更为轻松的方式更好地了解你们的身份和核心价值观。

使命故事：此类故事的内容可能包含任何故事，但它的主题和意义是专门设计来转移品牌或公司想要体现的核心价值观和使命或宗旨。

信息故事：此类故事将公司文化的智慧信息和集体知识存储并转移到新加入公司的人员中，对于成功而言至关重要。

愿景故事：这是一个大问题。这是一个鼓舞人心的故事，往往会引起激情，并帮助公司在转型的困难中取得进步。在阐述未来的愿景时，这个故事为公司员工和应对改变的公司客户和消费者提供了情感蓝图。

在本章中，我将专注于起源故事，然后在后面的章节中，我们将讨论其他类型的故事，以及何时使用它们，等等。

起源故事

你在公司中担任什么职务？你为什么在这个位置上？你的起源故事不仅仅说明你来自哪里，还会说出你要去哪里，并不断地解释你是谁。

就拿联合服务汽车协会（简称USAA）为例吧。如果你去他们的网站，他们会鼓励你加入USAA，并声称，他们会陪伴你一生。他们会在保险、银行、投资和退休等方面帮助你。他们会告诉你，你可以自由加入，如果你还不放心，可以去看看他们的起源故事：

“我们的故事建立的基础是你们的生活价值观。USAA成立于1922年。当时，25名陆军军官同意为彼此的车辆投保——这是一般人都不愿做的事情。今天，我们遵循先驱们珍惜的军事价值：服务、忠诚、诚信。”

这是一个简单的故事，强调他们卑微的出身和价值观。说实话，我希望他们更多地谈论他们的起源故事，我也可以更多地了解他们，但这是一个良好的开端。

接下来，我想探索一家公司，它有效地挖掘了自己的品牌DNA。因此，他们创造了一系列品牌故事，取得了巨大的成功。这是一个团结默契的组织，每个成员都在这里得知、感受、体验和呼吸着公司的品牌DNA。

我想要探索的公司就是吾诺阿拉沃尔特公司（简称UAV），公司名称的字面意思是“一次一个”。他们的标语是“来自心灵手巧的工匠”。他们的首席执行官是泰瑞·阿尔普特。我应该在这里透露一下，我和泰瑞一起上的高中，并为她如今的成功感到非常自豪。我只是觉得这是不可思议的事——几十年前，她在家乡创业，只用了一小笔投资，如今却成就了数百万美元的业务，而且具备社会意识。即便在这个互联网时代，UAV 公司也以其华丽的产品目录而闻名。泰瑞对我说，她的交易中有 50% 是在网上进行的，但是，她的精美的产品目录比社会媒体更多地推动了 10 倍的业务。

泰瑞说："如今主要有三个销售渠道：实体店铺、网站、印刷品，每个人至少需要其中的两个渠道。"至于 UAV 公司，她把焦点集中于网站和印刷品。本质上，这是一家专门销售手工饰品和工艺品的直销商。

他们在公司网站上这样自我描述：

跟我们的工匠谈话，你会在他们的声音中聆听创新的快乐。他们会说出在全世界传播人类精神"微粒"的乐趣，就像蒲公英传播种子一样。你会听到他们的愿望就是创造真正永恒的东西——那是值得珍贵、赞赏和分享的东西。

与我们的客户交谈，他们会和你一起去分析一位同仁的杰作。你会听到，当他们加入 UAV 公司的时候，都会受到热烈的欢迎——欢迎加入我们的大家庭。

与那些收到精美礼品的人交谈，你会听到他们的心灵之声——收到巧夺天工的原创艺术品，心里多么高兴啊。他们会告诉你，了解一些工匠生活，心里多么兴奋啊。还有，真实的个性在人类关系中多么重要啊——赠予他们礼物的朋友或家人，精心制作艺术品的工匠，还有让一切发生的伟大人类！

这就是好文章和好故事。泰瑞在声明的结尾引用了这样一句话："跟我说话，你会了解到我如何在生活中找到真正的兴趣。你会听到我永远的感激之情——我拥有如此丰富的创造力，我进步了这么多。而且，我应该感谢谁呢？我要感谢你们所有人——我的家庭——我的大家庭！"

我喜欢他们的产品目录，并且相信，他们真的一边在出售手工艺品，一边在推销故事。就拿他们的剪刀为例吧：

在古老的摩尔纹剪刀的制作过程中，包含着许多小步骤，每一步都必须小心翼翼，以便保持左右两边平衡。每一边刻有相同的唯一编号，然后成对地进行安装和拆卸。而且，切割效果要相当完美。曾经，这个罕见艺术的中心……

这个故事让你对剪刀好奇不已。我以前从来没有想过要买一把剪刀，但现在，我已经情不自禁了——我非常渴望拥有一把剪刀。下面再看一看珠饰品的例子吧：

伊冯娜曾是一名空姐，她需要常常飞往亚洲。20多年前，她开始接触并对西藏难民的生活故事以及他们的美丽珠饰感兴趣。于是，她放弃了空姐的工作，致力于创造一个公平交易的平台。

我已经为之倾倒了。我想要那些珠饰，是因为喜欢珠饰背后的故事。

这个公布于众的故事非常有趣，可以勾起人们购买珠饰的欲望。虽然容易忘记，但照片和图片都会讲故事！泰瑞甚至对我说："我的摄影师们知道，他们是讲故事的人。他们问商人，我们要具备什么样的情绪，然后，他们一定会做到……还要展示一切身体特征。"

除了产品目录中展示的故事之外，UAV公司的起源故事也值得称道。所以，现在，我要去采访泰瑞，让她给大家讲故事。我希望，你们很快就会看到这个品牌成功的关键因素：

我：你能给我们讲讲贵公司的起源故事吗？

泰瑞：好的，下面我来解答一下你的问题：

1993 年，我是华尔街的技术专家，拥有物理专业学士学位。我刚刚生下我的女儿莎拉，正在休产假。我到现在还记得：那是一个不支持创业精神的年代，人们认为冒险是一种疯狂的行为。所以，在某种程度上来讲，建立一个家庭，实际上给了我极大的帮助，让许多自称企业家的男人们望尘莫及。因为“产假”让我拥有安全感——我就是这么认为的。换句话说，它减少了（我心中）失败的耻辱感，从而减少了失败的风险。要知道，毕竟，即便我的新项目失败了，我也可以这么说，我在华尔街之外寻找乐趣呢。

事实上，我虽然拥有技术、技能、财务知识和项目管理专长，但我明白，我根本不知道如何经营业务，更不用说白手起家了。所以，我把自己的第一次冒险看作“科学实验”，一次学习锻炼的机会。为了尽量减少家里的财务风险，并最大限度地发挥我的学习能力，我给自己拨出了一万美元的创业基金。我发誓，无论我学到什么，都要经过反复试验。而且，因为我是一名科学家，所以，开发业务的时候，需要不断地衡量和检验结果。

我感觉到，某种类型的“邮购”业务，比如，当天就有回复的直接营销，可能就是正确的商业模式。从第一天起，它就会提供给全国听众。甚至可以在我家里打免费电话，没有人知道这是在家里联系业务。

因为直接向消费者出售，所以不存在应收账款。如果我能想办法让我的库存供不应求，也许我可以使用 30 天付清的贸易条款来推动我的营销工作。如果我必须找到一道产品线，可以提供世界上最好的选择，以及世界上最有知识的服务，那就太好了。但那是什么呢？

泰瑞的第一次顿悟

当时，我的女儿才 6 个月大，而且患有小儿腹胀。我和她的生活只有两种模式：护理和尖叫。我患上了产后抑郁症，也失业了，所以，坦白说，总有一天，我会发疯的！

我的丈夫知道问题出在哪里了，于是，他每天都早早回家，好让我早点休息。后来，他建议道："嘿，让我们一起去旅行吧。"

我抱着女儿，我们开车旅行去了。我们心中没有特别喜欢的地方。后来，我们看到了一个餐厅供应店，前面有个标语牌，上面写着"欢迎各界人士"！我们决定尝试一下。10 分钟后，我和丈夫走马观花地逛完了商店之后，我们彼此看了看，说道："找到了！"

高端菜刀。是的，高端菜刀！

在这个时候，真的不容易找到好刀，所以，我找到了自己合适的职业。几个月之后，专业餐具直营店诞生了。我在《美食与美酒》杂志上刊登了第一则广告。在这期杂志面世之后的整整一个星期，我接到了免费电话，并卖掉了第一把刀。我抱起 10 个月大的宝贝莎拉，把她抱在胸前，高兴地上蹿下跳，还不住地喊道："我们的生意成功啦，莎拉宝贝，我们的生意成功啦！"

我完全明白，在任何时候，我的生意价值就是一个简单的功能——提升每个客户最新体验的质量。所以，我花了大量精力思考这个问题——如何塑造每个客户的体验。例如，我坚持在每一个包装单上留下一个手写便条，我们一直坚持这样做。

我聘请和培训了客服人员，让他们提供高水平的专业服务和技能。我把美国和欧洲最好餐具的工厂老板带到了康涅狄格州，请他们给我的员工演示讲解这些餐具的结构和使用方法，并指导我的员工如何操作，此外，他们还讲述了自己公司的起源故事。

我鼓励服务人员在与客户交谈时灵活利用人际关系。如果一位客户提出一个关于三叉牌菜刀的问题，这位客服专员可以这样说："哦，这真是一个好问题。事实上，去年八月，三叉牌菜刀的创始人沃尔夫冈·伍斯霍夫先生来过这里，我当时也问了他一个类似的问题。"于是，这位客户便意识到，他们在和世界上最负盛名的刀具公司的老板亲自对话。可信度很高啊。

然而，我们要做得恰到好处。不要狂妄自大，只是提醒一下，我们每个人一次只能做好一件事。我一再提醒我的团队："记住：客户愿意购买我们的产品，看上的不是我们公司，而是你这个人！"

在接下来的几年中，专业餐具直营店增长迅速，完全实现了内部现金流充足和盈利。1996年，增长稍稍放缓，这一年，我生下了第二个女儿蕾切尔。尽管如此，那年的公司销售额还是达到了100万美元。在接下来的三年内，公司向全国各地的烹饪爱好者们销售了1000万美元的刀具、炊具等主要手动工具。一直以来，我一直在想："太简单了！"

而且，我"绝对不需要申请保护专利"。

请记住：这只是一个科学实验。我没想到会如此奏效。这确实太奏效了。为了继续发展下去，公司需要一座大楼，需要一个管理团队。所以，最后，我铤而走险，进行了重大投资，那需要背负巨额债务。

因为增长迅速，我们获得了多个奖项（三次入选全美最快成长私营企业五百强，思科成长技术奖，国际烹饪专业协会卓越奖，我甚至被纽黑文市评为年度最佳企业家），任何一个局外人都会说："嗨，那家公司是值得去的地方。"事实上，任何一个查看财务报表的人也会看到一个非常乐观的画面。

但我没有查看财务报表。我知道，那只不过是一个后视镜。我的眼睛要坚定地盯住前方的道路，我不喜欢当时看到的场景。

我当前的利润要归功于多年以来我建立的客户群。在争取新客户方面，我付出的成本越来越多了，他们的价值却似乎越来越少了。

为什么？世界正在迅速变化。现在，每个大型商场和新兴网络公司都提供了以前很难找到的产品。客户和竞争对手正在看向专业餐具直营店（简称PCD），想来了解最受欢迎的餐具以及它们的使用方法，但是，还有许多人正在别处购买。

事实上，有一位客户告诉我的客服专员，她曾经在威廉姆斯·索诺玛分店工作，当她在那里接受训练时，导师告诉她，当客户提出一个她无法回答的问题时，她应该向我们的总部求助。哎呀！

我们正在唤起人们对这些伟大产品的需求。但是，在这个过程中，也为供应商及我们的竞争对手建立了业务。现在我们有一个管理团队，一个 3 万平方英尺的大设备，我们有技术设备，我们还有债务！我们的船正向冰山前进。

那么，现在怎么办呢？我知道，现在是改变的时候了，但是，下一步该做什么呢？

我一直在思考我们的商业模式中出现的一切对和错，然后，我决定再做一些我常在危机时刻做的事情：列一些表格。列表之后，我的标准也提高了。我还要利用现有的基础设施，推出一款理想的新产品目录。

卓越的标准

• 有意义的品牌。专业餐具直营店是如此有意义，当我问及客户们如何知道我们商店的时候，大多数人都说，他们已经从我们店铺购买餐具好多年了。

• 种类的灵活性。专业餐具直营店是一个有限定范围的品牌。虽然我们是餐具的权威，可是我们甚至没有相同声誉的炊具，功能太过局限了！我需要一个品牌，可以适应客户想要购买的产品类型。因此，有意义的品牌需要具备情感上的意义，而不是功能上的意义。

• 专利产品。专业餐具直营店正在出售可用于地方场所的产品。一个新的品牌必须拥有专利产品，因为它提高了客户忠诚度，客户忠诚的对象应该是我们公司，而不是我的供应商。

• 进入市场的高门槛。无论下一个品牌如何，都不容易复制。我必须创造一些需要申请保护专利的产品，才能拥有持久的价值。

在这种情况下，我重新审视了自己的内心，并扪心自问：什么让我快乐？什么真正滋养我的灵魂？

我也重新审视了我的商品数据。那些装着我的科学实验的培养皿正在告诉我什么呢？嗯……

答案很清楚。专业餐具直营店中最好的产品就是手工制作的产品，我正在讲述它们的故事：法国小折刀和精美的波兰陶器的故事。

我的第二次顿悟

啊哈！就是这样的。手工制作的产品，其实不算产品，那是珍品啊！工匠们精心雕刻的珍品啊！珍品制作，一次一个。珍品被人类精神所感动，伴随着美好的故事。这样一个品牌将满足所有人的要求！带上法国小折刀和波兰陶器，去一个地方吧。现在，什么可以连接这两种产品呢？嗯……啊！威尼斯玻璃。

于是，在2002年，我推出了围绕这个核心建立的测试产品目录。在第一个产品目录中，我告诉我的客户，每个珍品都会伴随着一个动人的故事。我的目的就是创造故事——你在阅读产品目录之后会记住的故事。如果你将产品作为礼物送出，礼物收件人是否知道它与你一样特别呢？于是，我制作了一些小卡片，上面写着故事，每个产品都会配一张有故事的小卡片。是的，每个产品线都是它自己的科学小实验。

感谢上帝，我一刻也不能等了，因为在那一刻，我正面对着那座大冰山。在互联网和大型商场的时代，我所有关于销售品牌产品的恐惧都已经成真，甚至比我预期的要快。运营两家共享同一个基础设施的公司，制造了很多混乱。但是，我需要专业餐具直营店引进资金来支付基础设施的费用，我需要保持基础设施井然有序，以便UAV公司继续成长。这就是我如何驾驶航船避开那座大冰山的过程。

现在让时间快进到2006年，UAV火了，专业餐具直营店却小得多（现在叫作“烹饪爱好者”，依然在运转）。几乎好得难以置信。现在又是时候对基础设施进行大量投资，以便支持下一个增长阶段了。是时候把这个双品牌企业的收入在20万美元的基础上翻几番了。为了实现这个目标，我需要一个认真严肃的管理团队。我花了好几年的时间，不过有这个必要，最终会是值得的，我也这么告诉自己。当然，事实并非如此。相反，我发现自己又遭遇了一座冰山。我会跳过一些内容，在这里，我只想说，真的很感激，我们的公司能够生存下来，我们还可以继续书写我们故事的新篇章，而我们最好的章节还在后头呢。

我：除了起源故事，你还可以讲述其他类型的故事吗？你为什么会使用那些故事呢？

泰瑞：好的，让我想一想。很多故事都可以融入我的领导风格。我主持过很多“UAV 会议”。我使用这些来帮助创造一个持续不断的故事，将我的团队结合在一起，让他们做好思想准备，并了解我们的共同愿景和经济引擎的内在运作，使他们能够利用自己的天赋来推进我们的共同目标。

我发现，故事有层次。它们互相交织在一起。有关于故事的故事，有给出语境的故事。对我来说，写作的行为是一种一维的直线式连续工作。故事也是这样吗？我在自己的脑海里看到的是二维甚至三维的立体画面。所以，当我第一次落笔写作时，我倾向于走向极端，曲折迂回。但是，我需要用这种方式写出所有的话语。然后，回过头来修改所有的内容，以创造一个引人注目的优美故事。

除了“故事”之外，我喜欢隐喻的沟通风格。如果我知道某人有烹饪背景或运动经验，我可能会参考“酵母菌”来形容。但是，如果我的生活依赖它，那就不能参加体育运动或弹奏乐器。所以，我永远也不知道，我是否搞砸了我的隐喻。我一直把它们都混合在一起，烹饪、音乐、电影和足球充斥着我的生活。

总的来说，我觉得我可以使用多种故事：

1. 我们的工匠为我们的客户服务的故事。
2. 我为我们的客户服务的故事。

3. 我们的客户为彼此服务的故事；我们的客户为我们的工匠服务的故事。（全部连接在一起。）

4. 这就是UAV公司从专业餐具直营店演变而来的故事。

我：你可以给我举个例子吗？一定要包括一个以上你最引以为豪的具体故事。

泰瑞：好的，让我先讲一个虚构的清凉商务装的故事吧。当我开始与客户分享自己的生活哲学时，我们的结果便有了可观的改善。它给品牌带来了真实性。所以，我们决定在2014年尝试一些新的东西。我们不是采取某种形式的网上折扣或是推出多余的库存，而是围绕“我最喜欢的几件事”话题进行“网络星期一”促销活动，并引起了巨大的轰动。成交不是因为价格，而只是因为我们与客户之间建立的情感联系以及我的生活哲学，等等。这再次证明，讲故事很奏效啊！我们的“网络星期一”远远超过了我们只是放弃现有产品的利润，或者试图在“剩下的折扣”基础上再打5折的效果。

每年，我都会写一封特别的信，提出15个事项，将我们的品牌理念与季节或特定的产品线连接起来。它们越来越有个性。当我第一次开始与我们的读者或消费者分享个性化的东西时，我很紧张！我感到十分脆弱和不适，因为要与50万陌生人交心啊！下面是一篇特定的文章，让你感受一下吧：

为什么是蓝色？

从孩提时代起，蓝色就是我最喜欢的颜色。如今，我年近52岁，已经弄清楚为什么了。我是一个非常高能量的人，几乎每时每刻都在前进、思考、规划和创造。那些认识和喜欢我的人崇拜我的激情，但憎恶我因疯狂的行为而产生的紧张感。

钴蓝色和海洋蓝色让我想起了一家人在外滩群岛度暑假的往事。它们把我带回了海边，我坐在海边，看着海浪拍打着沙滩，此时，太阳下山了，一抹天蓝色的薄暮在昏暗的天空中灵动起舞。周围环绕的色调令人平静。它们提醒我慢下来，慢慢呼吸。不要再创新了。什么都别说，什么都别做。简单一点。

为什么是螺旋状？

我喜欢蜿蜒曲折的优美线条，一个圆圈的循环性质——从无限的重复中突破出来，然后向前进。对我而言，螺旋是生命的比喻。每年，随着季节的过去，随着生日的到来，我想确保我已经成长，并成为一个更好的我。

为什么要连成圆圈？

对我而言，圆圈就是朋友和家人的象征。我们每个人多久谈论一次圈内故事呢？我们都有自己的人脉圈，一直向外扩展——从我们自己的小圈子，到我们的直系亲属，再到我们的大家庭和亲爱的朋友们，然后是我们的社区，我们的教会，最终，我们和所有人分享这个美丽的星球。

当这些人际联系开始重叠时，对我来说，这些就是人脉圈。所以，如果你来到 UAV 公司，为你生活中亲爱的人寻求完美的礼物，那么，在你的小圈子里，你就是在连接制造珍品的工匠小圈子，以及我们 UAV 公司大家庭中每个成员的小圈子。即便只有最小的方式，现在我们所有人的生活也密不可分。

为什么是闪光拉长石？

它的内部色彩调和，能发出温和的光芒！它会呈现出神奇的彩虹色。每次眨眼，它都有变化，而且如此微妙。如果猫眼石和双色玻璃大喊："看着我闪闪发光！让我点燃整个房间！"那么，闪光拉长石会耳语："我得到了人们的关注和赞赏，我知道我是谁，我喜欢我现在的模样。而且，在节目结束后很久，灯光已经变暗的时候，你还会找到我。"

为什么是青金石和蓝宝石？

就是那些深蓝色调，再次召唤我，把我拉到水中，给我一片宁静的绿洲。

为什么还有石榴石？

庆祝我的生日（1 月），从而庆祝我的人生。这是一种深刻、平静、高贵的红色，一点都不像明亮刺眼的红宝石那样闪耀中透露着俗气。

我：你为什么选择利用工匠和产品两个故事，以及更庞大的 UAV 品牌故事？

泰瑞：所有形式的故事——文字和图片、贴图、记忆和情绪——都是传达我们的人性，促使彼此之间的基本联系，并改变我们生活的工具。故事是我们努力实现 UAV 公司愿景的主要方式之一，那就是——将人际关系融入每个客户、工匠、同仁和供应商的互动中，从而丰富他们的生活。如此一来，我们也丰富了自己的生活。

那么，现在，你可能会问："为什么故事是 UAV 公司的核心呢？"因为，很简单，我们不卖"东西"。我们销售工匠们手工制作的珍品，那是独具匠心的产物。我问你，理查德：如果你不了解一件产品的来源，以及它如何又为何会诞生，那么，你怎么会欣赏自己的手中之物呢？

无论他们是加利福尼亚州的银匠、威尼斯的玻璃吹制工，还是波兰的陶瓷家，我们的工匠们都会道出深刻的喜悦之情，那是因为，他们知道他们正在创造一种能够为全世界人民带去欢乐的珍品。有些人，他们永远也无缘邂逅。他们还表达了这样的心愿——等到他们百年之后，等到遥远的未来，他们通过想象力创造出来并用手工精心制作出来的触动他们心灵的各类珍品，将会被后人们赞扬。

所以，理查德，比方说，你在我们的产品目录中看到了一条美丽的项链，你知道你母亲会喜欢。在那一刻，你已经建立了联系。我们工匠的设计打动了你。当你把这个礼物送给母亲的时候，她一定会因为项链的美丽而

“哇哇”地惊叹不已。如果仅仅是这样的话，这条项链就是另一回事了。但是，相反，如果她稍稍理解了创造项链的那个人，以及所有那些促成这个时刻的人，那么，她会更加赞赏手中的艺术品。也许她甚至会把自己看作项链的守护者，而不是拥有者。此时此刻，她手中的珍品是一个同行者人生之旅的创意作品。

在 UAV 公司，我们有义务讲述这些故事。

第十二章

使命故事、目标故事和价值故事

当你知道自己的价值时，就不难做出决定了。

——罗伊·迪士尼

故事可以传达你希望公司拥有的价值以及你希望公司追求的使命。因此，你的故事也可能是你的使命宣言的一种生动体现。但要小心：正如我在前几章一再讨论过的，这个故事必须符合核心品牌 DNA，必须沿着正确的品牌路线去传达正确的信息。

我们来看一个有趣的例子。《爸爸的故事——为孩子编织的梦》是为香港大都会人寿保险公司制作的一部感人至深的短片。短片内容是一个男人非常爱自己的女儿，并竭尽全力为她做任何事，让她过上好日子。但是，这个男人对女儿撒谎了，他说自己有稳定的工作，还有很多钱。最后，女儿的自白表明，其实她知道真相——爸爸非常爱她，以至于制造了谎言，试图让她不知情地度过快乐的每一天。

故事的质量和故事的情感力量都是不容置疑的。然而，我仍然对这种品牌讲故事表示怀疑。它与品牌相匹配吗？它可以让你卖出更多人寿保险吗？它可以帮你与大都会人寿保险公司建立联系吗？去视频网站看看吧，看看你能想到什么。

下面我再举一个例子。这是关于在商务会议中使用故事来加强团结的方法。故事是这样的：我的哥哥是一个大型广告公司的执行创意总监。他曾就职于很多大型机构和众多知名品牌公司。在每个新品发布会上，他的工作就是向客户展示他“自己的品牌”。

一天，他正在和吉列公司的新客户举行商务会议，并试图定义吉列品牌。

他们问他，谁最能体现他们的品牌。是乔治·克鲁尼这样的电影明星吗？还是肖恩·康纳利？布拉德·皮特？

他建议，也许讲故事可以更好地诠释吉列这个自信却谦虚的品牌，即便在高压之下，也会保持冷静的头脑。他讲的故事是关于他的一个偶像——代表“酷哥乔”的终极形象——乔·蒙大拿。

那是第23届超级碗大赛。秒针在嘀嗒作响。辛辛那提领先，但是，由四分卫乔·蒙大拿领衔的旧金山49人队进入了得分区。球员们的心脏正在怦怦跳，球迷们紧紧地抓住了座椅。蒙大拿的一名队友说，他很纠结，他看着球队领袖蒙大拿，等着看他将会如何处理压力。他们知道，他们是生是死，都取决于四分卫。

他会出汗吗？他会发疯吗？他会放弃吗（像费城的某个因此出名的四分卫一样吗）？

就在那时，蒙大拿抬头看着他的队友，一边向场外地区打手势，一边指着人群说：“嗨，看台上那个人是喜剧演员约翰·康迪吗？哇！太棒了。”

很庆幸，蒙大拿似乎没有意识到这个事实——数亿人正在观看本年度最盛大的橄榄球比赛，现在只剩下几秒钟了，如果这次失败，他们就会一败涂地。

蒙大拿并不关心这些。说实话，他的内心十分冷静。他最喜欢的一位电影明星现在正在看着他，他因此得到了极大的乐趣。他没有压力，他并不担心。他知道他有能力去赢得比赛，他想享受这一时刻。

就在那时，这个团队的其他成员开始放松。就在那时，他们知道自己一定会赢。

而且，他们真的赢了。

这个故事帮助客户更深入地了解自己的品牌，并且让他们更深刻地信任我的哥哥，作为创意总监，他将会在下一个广告活动中通过电视屏幕栩栩如生地展示自己的品牌。

而且，他做到了。

接下来，我有幸与此品牌的首席营销官迈克尔·西蒙交谈，他是创造新颖品牌故事的大师，并与非凡农庄、金宝汤业、高迪瓦巧克力、潘娜拉面包一起共同打造了富有创意又吸引人心的故事作品。迈克尔是一个忙得不可开交的人物，不过，和蔼可亲的他还是花了好几分钟聆听我的问题，然后给出了答案——为什么使命故事、目标故事或价值故事有助于一个品牌或公司的发展壮大呢？

我：你认为讲故事在今天的品牌营销中扮演着什么角色？

西蒙：营销人员渴望与自己的客户进行深度沟通和情感交流。我将其描述为将客户从喜欢上升到热爱的过程。讲故事可以让信息更加深刻和难忘，通常建立在共同的价值观之上。为了突破如今一周7天、一天24小时的信息轰炸，一个品牌必须要脱颖而出，让人们了解它代表的真正含义。讲故事就是与客户交流互动和建立密切联系的高效手段。

我：如何通过各种媒体形式的网络故事来创造、培养和维持与客户的终身关系呢？

西蒙：我认为，我们首先要大致了解一下你的产品或服务如何满足消费者需求。用哈佛商学院的克里·斯坦森教授的话来说，要知道客户是在招聘你来完成工作。

但我认为，它比我们所能体会的更加深入。人们寻求产品和服务以满足功能性需求时，往往会努力诉诸更多情感和人性的东西。比如西南航空公司不仅仅是一家低成本航空公司。在成立之初，它让买不起飞机票的85%的美国人拥有了坐飞机旅行的自由，这种自由在这些人生活中产生了更大的联系。

营销世界已经从向消费者讲述并推销你的产品或服务发展到了联系客户，

并与之对话的环节。一个伟大的品牌总是通过客户的镜头来展示自己。你必须了解品牌如何为客户的生活提供价值。如果你不了解这些，那你传递的信息也将被人们遗忘，因为消费者每天都会遭遇此类海量信息的狂轰滥炸。最重要的是，如此深度的信息仅仅是一个开端。

在这个“百家争鸣”的时代，各大品牌都在争夺爱和关注，品牌价值和灵魂的表达同样重要。创造一个故事，可以传达你的品牌 DNA 中有意义的内容，对于建立人际关系至关重要。这个故事不仅限于一个渠道。它必须完全串联和整合所有消费者的接触点。它必须具备一致性，来自一个独特的声音和观点。毕竟我们生活在一个全方位渠道沟通的世界，人们可以在一天中利用多个手段来获取信息和联络。

弄清楚你的品牌故事，以及每个渠道在讲故事中的作用，这一点至关重要。此外，倾听客户的心声，与告知他们信息一样重要。当你有一个消息与消费者产生共鸣，并且以相关和引人注目的方式加以分享和表达时，你就是在努力培养和维持与客户的终身关系，并能推动互动交易的转型。

我：那么，这不再只是讲故事的问题了。你必须创造和掌控永恒循环的品牌故事。你同意这样的观点吗？如果同意，你点评一下吧？

西蒙：我认为，这不只是讲故事的问题。讲故事只是传递信息的一种手段。你所代表的品牌（品牌精髓或品牌故事）是驱动一切的基础。若想与客户建立深厚持续的关系，这里的关键点不只是一个故事，而是一系列的共同价值。

然而，一个没有实质意义的故事，在讲完的那一瞬间，就会被人立即遗忘。《圣经》是一个系列的故事，讲述的是核心价值观和生活哲学。几千年来，这些信条和原则在不断深入人心。人们记住了这些故事，是与理念有关。

我：曾经，营销学被誉为创造和推销神话的艺术。而如今，营销学则是寻找真相并与他人分享的技能。我们从讲故事发展到了塑造品牌故事。那么，品牌故事究竟是什么呢？

西蒙：对我来说，品牌故事是品牌的本质和灵魂。它就是品牌存在的原因。你可以练习着这么提问：如果你的品牌不存在，世界会失去什么？

这个问题的答案就是真正了解你的品牌是否代表什么的有效途径。如果世界不会失去任何东西，那么，这个品牌首先就不会代表任何东西。在西蒙·辛宁的伟大著作《始于理念》中，他研究了以核心目的为基础的公司，他们讲究“为什么”理念，与那些展示“做什么”的公司相抗衡。很多的纵向研究结果显示，讲究“为什么”的公司能够产生更大的绩效，更投入的员工和更忠实的客户。

当你可以通过心灵而不是脑子与某人联系时，那你就是在创建一种人际关系，而不是建立一种交易。我坚信，人们都想得到灵感，都想寻求方法去丰富自己的生活。在这个世界上，神话已然成为“皇帝的新装”，因此，真实性显得至高无上。真实性建立在诚实、透明和灵魂的基础之上——那是一个品牌故事的所有关键成分。

我：你要使用什么样的故事，为什么？请分享一些具体的案例，谢谢。

西蒙：我想到了一个很好的故事——正如吉姆·西尼奥雷利在《品牌故事》一书中描述的那样——故事中的角色要处理障碍，以达到某些目标。故事帮助我们与自己的真理联系起来的程度，决定了我们识别角色所体现的价值、信仰和感受的程度。

在消费者世界中，主要人物就是代表主角的消费者。他们面临着种种障碍，阻止了他们满足功能需要或情感需求。品牌通过其功能特性和基本信念，使主角客户能够克服这些障碍并实现其目标。

品牌正在试图建立而不是强制建立与客户的关系。讲故事就是品牌联系客户的有效手段，围绕着一套共同的价值观和理念，这是在强烈的情感纽带基础上建立人际关系的关键步骤。

鉴于我自己的人生体验，我想到了自己在非凡农庄公司度过的时光，那个金鱼故事就是一个典型案例，代表了我利用故事的力量阐明核心目标的手段。

金鱼是以乐观为基础的品牌。乐观主义指的是对生活有着积极的展望。一个乐观的人不会成为生活中意外障碍的牺牲品，他会利用自己的创造力去克服这些障碍。

有大量的学术研究表明，拥有更加积极的生活观念的人将会拥有更快乐、更健康、更丰富的生活。还有学术研究表明，一个人并不是生来就有乐观的生活态度。我们可以培养和学习乐观主义态度，比如我们可以通过娱乐环境来向儿童表达乐观主义理念。“费恩和汤姆”的故事，展示了一群引人注目的动画角色，两个小屁孩从事各种有趣的冒险活动，他们总是相信自己可以克服一切障碍。

针对所有的妈妈，我们开发了一个品牌故事，名为“金鱼式思考”。该计划为妈妈们提供了可以与孩子分享的信息和实践，教会孩子发展和强化一种明智的乐观态度——没有无法战胜的挑战。这些生活课程就是孩子们幸福的关键。每个渠道——从传统到网络，从免费媒体到自媒体——都可以用来为品牌故事服务。

我：你如何利用故事来打感情牌，让一个品牌在同类产品中脱颖而出？品牌故事需要很多创作者，还需要消费者以网络通信和社交媒体的不同形式进行修改，那么，普通故事如何成为品牌故事呢？

西蒙：创造情感纽带和竞争力，其关键在于揭示品牌的核心内容。对于品牌来说，它必须是正品，而不是别人的衍生品。

哈佛商学院营销学教授扬米·穆恩在她的杰作《与众不同》中描述，未来的伟大品牌必须回答下面四个问题：

“在本行业中，我们承诺别人无法承诺的东西是什么？”

“我们传递别人无法传递的东西是什么？”

“我们相信只有我们相信的东西是什么？”

“在丰富的世界里，我们提供的罕见产品是什么？”

若要真正建立情感纽带，你必须找到品牌的核心真理（“你提供的罕见产品是什么?”)，并真正触及你的核心听众。让这个故事成为传达品牌信息，以及促进认知和理解的手段。

故事始于与志同道合的个人分享。然而，如果你的品牌故事讲述一个真正的人类真理，那它最终不会是你的专属真理，而是成为拥有类似信仰和价值观的社会真理。这就是网络和社交媒体发挥重要作用的地方。它们是围绕社会真理的对话和内容的接口。你与客户的关系从“你对他们”升级到了“你和他们”或“我们”。

我：塑造品牌故事的时候，你遵循具体的步骤吗？你可以与读者分享一下吗？

西蒙：我采用了这样的步骤——始于我所谓的“能量驱动理念”（简称EDI)。EDI是定义品牌灵魂并推动品牌沟通的重要战略思想。它以行动为导向，而且目标坚定。EDI解释并激励了我们所说的话，并指导我们如何进一步阐明这一理念，推动沟通策略和体系结构发展。EDI指的是障碍因素与品牌精髓的交集：

障碍因素⟶EDI⟵品牌精髓

下面介绍一个到达EDI的简单过程。

第一步：情境分析。

第二步：将障碍减少至行为挑战。

第三步：了解行为目标。

第四步：障碍因素分析，获悉是什么阻碍了所期望的行为。

第五步：业务简介（制定沟通策略，阐述品牌故事所涉及的首要业务和目标，并在竞争和市场环境中深入了解目标激励因素和接触点)。

第六步：能量驱动理念（一个单一的理念，是创造性思想和环境框架的战略跳板，将释放和引导品牌中的能量)。

一旦你确定了 EDI，代理商或创意团队就必须以迷人而难忘的方式去描绘故事，以便与世界分享品牌的精神。故事必须连接到主角（品牌和目标）。

从眼前来看（“初始阶段”），品牌将会通过自身的功能特性和客户利益，帮助客户实现目标和满足目标需求。从长远来看，这个故事必将使品牌和消费者围绕着一套核心的共同价值观和信念产生火花。故事本身夸大了消费者必须面对的障碍，以及品牌对目标对象的帮助，最终将克服妨碍目标和品牌之间深层次接触的障碍。这个计划是否可行，取决于必须克服这些障碍的程度。

第十三章

信息故事和知识故事

无论小偷的技艺多么高明，都无法抢夺知识。因此说，知识就是我们获得的最美好、最安全的财富。

——弗兰克·鲍姆，《奥兹国仙境奇遇记：失踪的公主》

有一天，伟大的已故物理学家阿尔普特·爱因斯坦坐火车去旅行。火车离开普林斯顿车站后不久，售票员从车厢一头沿走廊一路走过来，给每一位旅客检票。当他走到爱因斯坦面前时，那个伟大却心不在焉的科学家伸手掏了掏西装背心口袋，但没找到车票。他检查了裤子口袋，也没有找到车票。他翻遍了公文包，还是没有找到车票。最后，他在旁边的座位上找来找去，还是没有找到车票。

正在那时，售票员说："爱因斯坦博士，我知道您是谁，我们都知道您是谁，我相信您买票了，别担心。"爱因斯坦感激地点了点头。售票员继续沿着走廊一边走一边检票。当他准备进入下一个车厢时，回头一看，只见那位伟大的物理学家正趴在座位底下，手足并用地在寻找他的那张火车票。

售票员跑回到爱因斯坦跟前。"爱因斯坦博士，别担心，"他说，"我告诉过您，我知道您是谁。您不需要再找了，我相信您买票了。"

爱因斯坦看着他说："年轻人，我也知道我是谁，但我不知道我要去哪里。"

这个故事说明，有时候，我们需要创造故事去结束尴尬。讲故事可以传达信息，还让人铭记在心，因此，本章将介绍知识故事和信息故事，以及它们的用途。简而言之，这些故事是传达你需要与目标市场沟通的知识和信息的一种简洁紧凑且易于保留的有力方式——无论是公司内的员工，还是遍布在世界各地的消费者及客户，都需要这种故事。

例如，几年前，我受雇去一家公司作指导，帮助他们编制一个虚拟的篝火，用作新老员工的交流场所。简而言之，老员工可以聚集在篝火周围，讲述公司历史以及公司成员实用的最佳实践和技巧。然后，新员工可以加入进来，学习公司的过往历史，以及公司成员在现场和办公室可以使用的最佳实践和捷径。这是捕捉公司文化，并让新员工尽快了解公司文化的一个好办法。

想一想你一直在讲述的知识故事或信息故事。我们经常这样做，却很少思考。你急忙走进复印室，按下打印键，然后，打印机卡住了。于是，你去找人帮忙。一位老员工走进来帮助你，她对你说："哦，天哪！这种情况经常发生在我身上。推送打印纸的时候，一次不能超过10页，也不能推得太深，还不能使用双面打印功能。4年前，我干过一次，打印机都冒烟了。差点儿拉响了火警警报。于是，我拔掉了插头，扇走了烟雾。10分钟后，我重新插上插头，它就可以正常工作了。如果你对着它进行友好的交谈，并像这样擦拭，那就太好了。"于是，你拔掉了插头，重新启动，瞧瞧！它就可以正常工作了。这种信息故事或者说知识故事天天围绕在我们身边，可惜我们很少在意到它。

我再给大家举个例子吧。让我们来看看用于处理公司改革问题的知识故事。特雷弗·加利克，专门从事改革管理的商业顾问，热情地给我讲解了帮助公司成功渡过了改革期的恰当的知识故事。我认为，下面的对话会让你们大开眼界：

我：当今社会，你怎么看待讲故事的作用？

特雷弗：讲故事在商业改革中的作用至关重要。从整体水平上来看，创建一个组织内各级管理者都可以明白的和谐紧凑的画面（可以公开接受挑战和批评），那就是在命令："你要这样做，你要学会改变——否则，你就要出局了！"

从更为详细的层面上来看，在个人改革计划和项目中，例如，系统更换或桌面升级，对于需要从高端协商解决问题的团队来说，将会面临巨大的挑战。

在这种情况下，切忌将问题单独拎出来，寻求答案。将问题置于一个简短而简洁的故事中，不仅可以缓解压力，还可以将问题与组织的文化背景直接联系起来。换句话说，故事既易于理解，又令人愉悦。

大家应该记住，在这个层次上，这个故事不仅要有意义，更重要的是，它还得善于运用材料去简单合理地解释发生了什么、问题在哪里，以及为什么要遵循推荐方案。简而言之，要确定和解释问题的大小，以及如何解决。

比如也许这是一个包罗万象的人生故事，根据需要以迷你故事的形式去传播改革项目。

我：你如何看待故事在商务会议中的作用?

特雷弗：幻灯片可能会取代许多商务会议，但必须记住，幻灯片只是一种形式，如果使用得当，它可以成为一种非常有用的交流工具。然而，重要的是，我们还要用到故事，或者故事与幻灯片同时使用。我们讲述的故事必须“恰到好处”，并适合观众。

例如，标题相同的“故事”要根据观众的层次和水平来分类，比如，时间限制和信息需求等因素，因此，呈现的形式会千变万化。此外，你可能希望你的观众在会议中支持你，并身体力行地“穿越”故事，或者你可能需要这样做，才能在关键利益相关者周围传播，并试探他们的意向。你还可以进行30秒钟的“电梯游说”，作为吸引顾客的手段。如果你想成功，你必须采用简洁的叙事形式。

一旦讲故事成功，你就会建立足够的信誉，你的故事也会拥有很多听众。关键是要确保你继续建立与重要听众的关系，并形成固定的节奏。然后，你可以根据同龄人或长辈的反馈信息来改进你的故事。这意味着，只要有机会，你的听众就会倾听你的故事。如果你的改革历程非常漫长，那就有必要这样做，因为你的银行账户需要大量的“信誉存款”，这样才能成功处理重要的改革项目。

因此，正如在产品营销中一样，你需要了解你的听众，定位消息，建立和维持与关键利益相关者的关系。简单来说，你的故事讲述的往往是内部事务信息，但是，重点参考了客户（业务改革背后的一般目标），将故事置身于当今现实或未来。

我：你能告诉我，关于公司内部变革的故事需要演变吗？

特雷弗：在一个特定程序的背景下，所有的故事都需要演变，这是出于不同的原因。例如，围绕整个改革的全面叙述，需要从概念到执行，一直贯穿下去；如果你正确地完成了工作，那么，人们应该恳求你的改变沿着这条路一直走下去。

此外，当你遇到某些挑战时，需要拿出一些故事，以便处理部分观众的小范围挑战，例如，主要利益相关者。因此，重要的是，确保故事的演变与计划和环境相匹配。

如今，改革计划的背景往往大而复杂，而且是全球性的。这意味着，多年计划是常态，而非例外。处理改革计划本身可能会发生重大变化——例如，我们最近在英国购物者的超市习惯中看到的主要客户行为转变，或者企业并购效应——这两者都可能让改革计划引起质疑。

除此之外，有能力把故事讲给适当的观众听，这是至关重要的。确保你在已经做出的投资中找到价值，同时能够针对计划的诞生或结束做出正确的决定，或者如何承担大范围的变化，可以在这样动荡不安的时期做出重大的贡献。大型组织中不是每个人都能够做到这一点，那些很早就脱颖而出的人会倾向于在正确的时间获得相关人群的注意力，以确保成功继续下去。

我：你能谈谈公司内部的神话吗？

特雷弗：任何重要方案的丧钟都是传播远离现实或重要真相的神话。这可能是由于没有接受或者已经拒绝了一个改革计划，最常见的是一款新软件，或者用户组的裁员计划。在这里，用户的声音比计划本身更响亮，更符合其故事。简单来说，这是一个关于竞争故事的故事。

在改革计划中讲故事，最大挑战就是利用这个真相，或者让这个丑陋的事实公开，使计划稳步前进。你可能会怀疑当时流行的各种神话。这不是容易的事，通常需要回到原地去了解所涉问题的基本需求。

最糟糕的情况下，这些故事将会侧重于回答最严格的问题：出了什么问题？为何或如何会发生这种情况？谁负责？它的成本是多少？我们还要投入多少才能使恢复正常？或者，如果有可能挽救，我们需要投入多少？更糟糕的是，如何在资产负债表上显示这个数据？

无论回答这些问题所需的技巧如何，都需要创建一个或一系列故事来获取这些消息。这涉及人们的职业，以及应该具备的谨慎能力与技能。

我：我们在谈论什么类型的故事？

特雷弗：如果将工作转移到像东欧或印度那样较低成本的地方，那庞大的裁员人数会如何使客户受益？削减成本的工作如何使现有组织的成员受益？如今，我们有必要把它变成一个可以理解和接受的故事。

实际上，这个大型新系统使我的任务更加复杂和费力，而不是简化我的工作！这不是进步。高瞻远瞩很重要。所有业务改革中都有赢家和输家。重要的是，不要忽视主要目标，而要确保整体商业利益。

每个高管都有自己的主要工作关系。每个人都有一个值得信赖的声音，可能会抵触改革，或者不愿意接受他们周围的变化。关于改革计划的故事，需要有效地处理这个问题。

一般来说，那些处于变化中的人们会感到紧张，他们发表自己的意见，只是以可能的方式去抹黑这个计划，因此会不可避免地发生“抵触故事”的现象。若想成功地解决这些挑战，就需要理解和考虑这个计划的整个故事。

我：情感影响如何？

特雷弗：成功的商业改革的关键就是一个具有详细信息的理性方法，以便支持该计划的活动和结果。

无论是否支持改革，都会以强大的情感驱动的故事——也许是以理性的形式——来回应和挑战，以试图抹黑全部或部分计划。

只要有可能，我们就得把情绪激烈的争辩搁置一边，尽早排除这种可能性。这是一个文化问题，因为国家和组织的基本构成和解决问题的方法都大相径庭。然而，在全球计划的背景下，以证据为基础的论点将会占上风。

最常见的想法就是："我们将如何看待整个组织?"具备"感性"而非"理性"的天性的领导者总是会发现，这个问题将会把他们扔进个人漩涡，在没有外界帮助的情况下，他们也许会不可自拔。

情绪激烈的辩论在这里是没有帮助的。

我：你如何创造最好的商业故事?

特雷弗：上下文很重要。一个主要项目通常包含着一系列的工作流程，涉及所有的内部和外部交流。

这并不意味着团队将会创造出所有的故事，但他们一定是向大众传播计划的重要利益相关者。

然而计划的主要利益相关者的管理工作一般由项目主任及其直属团队控制。

第十四章

愿景故事与品牌传奇

世界上最可悲的人，就是有眼睛却没有远见的人。

——海伦·凯勒

有时候，我们讲述商业故事来激发和创造神话，或者，在其他情况下，我们开发故事以平息或改变传说。本章将使用前面章节中提及的方法和技巧，了解故事如何创造主角和联合团队，从而实现更大的合作和成功，令读者更为深入地了解你的公司所代表的内容。

有时候，故事的主角就是你的消费者之一。注意一下客户评价，你就会获得这些故事。例如，纽崔布里特榨汁机，“世界第一的营养提取器”。现在，纽崔布里特榨汁机乳化植物的效果是否真的比你的牙齿还要好呢？这由你自己决定。但无论如何，如果你登陆纽崔布里特公司的网站，就可以在认证部分找到一些精彩的故事，比如，愿景故事、品牌传说和起源故事，祝你好运。

例如，名为“艾迪安 B”的消费者讲述了自己健康之路上跌宕起伏的故事。他谈论了自己尝试过那么多饮食和补品，却没有控制体重。最后，他坦承了事情变得如此糟糕，他知道，他需要改变自己的生活。他去找牙医给他拔了牙，然后只好买一台榨汁机，因为在一段时间内他不能吃固体食物。他访问了博客，了解了纽崔布里特榨汁机。他买了一台，他说，这“只要过山车的门票，就可以把绿色的生蔬菜和我最喜欢的水果混合在一起，真的让我的生活变得美好。我不敢相信它有多美味。”

他看起来气色更好，感觉更好，精力更旺盛。他做出了更好的饮食选择，不再吃垃圾食品了。他甚至开始让家人和朋友使用纽崔布里特榨汁机，让他们吃得更好。现在他仍然使用纽崔布里特榨汁机，这是他生活的重要组成部分。

这是个功能强大的产品。我们看到了问题，我们得到了一个解决方案。这很激动人心，甚至有一个前后对照图片，展示了他更健康苗条的状态。这是很好的营销手段。

案例研究：财务规划

在财务规划的世界里，精明的策划者必须会讲故事，让潜在的客户看到令人欣慰的未来。这个技能是至关重要的，正如你可能已经猜到的那样，它通常涉及品牌传奇或愿景故事。因此，我求助一位朋友，金融分析师弗兰克·迈尔，他和我分享了两个故事：

弗兰克的故事 1：不称职的财务顾问

我经常和一位财务顾问共事，他告诉我，他要确保他的客户购买正确的工具，保证他们未来在财务上不用发愁。在这种情况下，我们会见了一位客户，一位在石油和天然气服务行业非常成功的企业主。我们叫他迈克。

在我们的会谈中，迈克给我们讲了一个故事。当他的父亲去世时，他的遗产约为 400 万美元。200 万美元进入父亲现任妻子的账户，这个人不是迈克的母亲，然后，迈克和他的弟弟每人得到 100 万美元。

迈克补充说："那是 8 年前，我和弟弟都没有看到一分钱。我想要的是，当我去世的时候，我可以给我的两个女儿每人 200 万美元。"

几分钟后，我们结束了谈话，迈克离开了办公室。我转向我的财务顾问兼好友，说："迈克刚才告诉你，他想要一个 400 万美元的人寿保险。"

财务顾问：嗯，我不太确定。

我：他只是告诉你，他的每个女儿都想要 200 万美元。若想实现他的愿望，这就是最好的办法。他的女儿们的名字是什么？

财务顾问：直到今天，我才知道他有女儿。

那个人居然不知道他的客户的私人故事。而且，你猜到了，我们最终没有与迈克达成协议或做成交易。

弗兰克的故事2：好好利用故事

还有一位财务顾问邀请我一起去拜访他的一位客户——B女士。他向这位客户提出了几项建议。最终什么也没发生，他们没有达成协议。

在一场没有效果的会谈之后，B女士向我保证，她喜欢和财务顾问一起合作，并会继续合作下去，但她觉得，财务顾问提供的解决方案并不是真的适合她。

我：你喜欢这个顾问。他喜欢和你一起合作。你觉得他做得很好，但少了一些东西。少了什么东西呢？

B女士：我有四个女儿。他不断向我展示如何拆分资产的方式。可我不想这样做。

我：这是你的钱，你想怎么做就怎么做。阻止你的问题是什么？

B女士：我和两个女儿一起在这里工作。第三个女儿是重症监护病房的护士，不幸的是，第四个女儿还没有工作，而且有酗酒和吸毒问题。如果我给她300万美元，我知道，她一年就会花光了。

我：为什么我们不为她设立一个特别的信托基金，可以防止这种情况发生？

B女士：不，休想。我不给她一个子儿。

我：你说"不给她一个子儿"，如果她生病了，你会帮她付医药费吗？

B女士：会的，当然。

我：如果你的孙女上幼儿园，需要一件新毛衣，你会支付吗？

B女士：会的。我很乐意这样做。

我：你告诉我的是，你不能把钱交给女儿。你想帮助她，却不想让她有现金，是吗？

B女士：是的，那就是我想要的。

我：好吧，让我给你讲两个故事。第一个故事是：你的一个女儿得到一大堆现金，并快速消耗掉了，她买的是你不愿意她买的毒品。另一个故事则有一个更快乐的结局。这个故事是：你专门为她设立了一个信托基金。在这个故事中，你可以控制她得到多少钱以及她如何花这笔钱。要知道，当你女儿生病的时候，你的孙女甚至你的女儿都会有钱，这样你就会安心。

结果我们帮助B女士为第四个女儿建立了信托基金。她心里明白，她应该做些什么，做完之后，她会感到很快乐，还有一种成就感。此外，她还可以一直保护自己的女儿。

THE HOOK

第四篇

现实世界的应用

第十五章 用视频讲故事

就像我们记住姓名和电话号码以及同事们一字不差的指示一样，我们真的拥有非凡的视觉和空间记忆。

——乔舒亚·福尔，《与爱因斯坦月球漫步：美国记忆力冠军教你记忆》

如今，你有无数的方式与世界分享你的故事，视频可能是最强大的一个途径。例如，在脸谱网上似乎有一个逆转：图片帖曾经是一个巨大的动力，现在的自然访问人数却下降了。社交媒体数据分析公司 Socialbakers 数据研究表明，脸谱网品牌主页上的图片帖现在的自然访问人数降到了平均最低。平均视频播放次数却是以前的两倍以上。

进一步的研究表明，广告活动涉及的视频广告越来越多。例如，视频广告平台 BrightRoll 2015 年调查发现，大多数机构认为，在线视频广告或多或少比电视效果更好。他们还发现，很多机构正在大幅增加数字视频预算。此外，他们发现点击率（在线广告点击次数）的重要性正在下降。对于数字视频来说，目标定位的能力才真的有价值，他们认为，手机视频是数字媒体领域投资最多的项目。

所以，显而易见：未来属于视频，无论你的预算是大是小，都有责任使用它。所有公司，无论大小，都必须考虑如何通过视频激活消费者。

几年前，你不得不花费昂贵的代价去聘请电影人员拍摄东西，但如今，人们用小型相机甚至智能手机就可以拍摄出精美的高清晰度视频，这是真的。至于故事，你只要写一个好剧本，然后拍摄并剪接好，就可以真正地帮助品牌增加销量。

然而，对于每一个视频，也有一败涂地的可能。恶劣视频可以永远在线，并对你的品牌造成不可磨灭的伤害。所以，请你务必小心。最后，你应该专注于你可以控制的内容，这意味着——首先要关注脚本。

这一切都从脚本开始。你想讲述一个什么样的故事呢？你想让它如何栩栩如生地呈现在视频里呢？

下面我再举个例子吧。我曾经帮一家小公司做宣传，并执行了一系列的相关流程。最后推出了一个脚本和视频。整个流程如下：

阿里森·维尔德是英国牛津大学临床药理学博士候选人。她热衷于研究医疗保健，更具体地说，她在为护肤和护发产品寻找世界上最好的有机成分。她正在开发自己的护肤产品线，她称之为“野生 & 有机”（译者注：在英语中，“野生”与“维尔德”姓氏是同一个单词）。阿里森的灵感可以追溯到她在祖父家的农场生活——萨默塞特郡的埃克斯莫尔村。

她这样说道：

> 我很早的痛苦记忆之一就是荨麻疹，那是埃克斯莫尔村常见的皮肤病。幸运的是，母山羊和大羊蹄都在附近。我的祖母猛力揪下羊蹄叶，她把叶子揉碎了，敷到了我正蹒跚学步的小腿上，疼痛和肿胀消退了。我敢肯定，祖母小的时候，她的母亲和祖母也是这么帮她治疗的。换句话说，植物的医疗用途的具体知识已经被传承下来。
>
> 从此，我对植物的医药用途产生了兴趣。几十年后，我经过研究得知，大羊蹄中含有蒽衍生物，例如，在芦荟植物中发现了芦荟大黄素。现在已经证明了其长期以来一直流传的抗炎功能。不说几百年，最少也有几十年的科学研究证明，其功效一直就是这样。

20 年前，阿里森在布朗大学完成本科学位后，搬到了伦敦。阿里森成立了一家信息技术开发公司，并在全欧洲为各种应用设计和实施尖端系统。旅行有助于发现其他民族的医药学实践，并重新唤醒对植物有效治疗的兴趣。2005 年，阿里森决定投入更多的时间来调查植物活动，并开始了几次考察，与整个欧洲的教授、植物学家和皮肤病学家一起学习。在离开伦敦到牛津郡之后，她又开始了对浓缩植物提取物衍生的多分子抗菌药物的重点研究和开发。

我请求她给我介绍一下她的公司和品牌DNA。她回答说："简而言之，我想创造出一种科学上先进的、尖端的、奢华的植物护肤品，锦上添花的是，这些成分是有机的，也是靠人类力量可以办到的，100%纯天然。"下面是接下来的采访内容。你可以从中看到促进产品销量的起源故事和其他一些品牌故事：

1. **起源故事：**我的丈夫布鲁斯从德国回国后，身体各处都患上了皮疹，他经常会在睡觉时刮伤，伤口很快被感染，开始流血。他的家庭医生给他开了抗生素和类固醇软膏，然后诊断为湿疹。

然而，我们夫妻俩都不信任这种诊断。很快，事情变得糟糕了，医生说，他的腿很快就要化脓了。医生想用标准抗生素治疗，但是，布鲁斯用了类固醇软膏。皮疹没有减轻，他仍然忍不住要搔，我也不断地为他清洗流血的伤口。在他的要求下，我甚至给他戴上了棉手套，并固定住。但是，他会在睡眠中撕掉手套，早上又会出现几个出血的疮口。

以前，布鲁斯对抗生素过敏，我们都倾向于避开这类药物，因为它们的副作用太大了——特别是当身体局部出现麻疹，而不是全身感染的时候。

后来，他在现场考察工作期间，从检修孔跌进了下水道。检修孔的铁盖在他的胫骨上刮下了大部分皮肤，还损伤了里面的骨头。伤口很快又感染了，医生让他吃了一个星期的阿莫西林，但没有嘱咐他如何处理伤口。又过了不久，他的腿肿胀起来。每次就诊的时候，医生都会在他的腿上画线，圈出了系统感染的程度。当线路到达他的腹股沟，他的脚趾也变黑时，我们冲进了急诊室。

所以，他现在不得不面临截肢的危险，医疗机构似乎没有提供任何可行的方案。我知道，这取决于我做些什么来帮助他治愈伤口。时间不多了，我必须尽快给出答复。

我开始想办法去购买一种既具备治疗作用又不会有化学副作用的产品。在访问了几个药房后，我感到震惊，因为没有发现这类药物。真的没有。

作为一名临床药理学家，我有独特的能力去真正破译和了解今天所谓有效的所有护肤产品的标签。因此，我可以看到大多数人看不到的危险。今天，大部分护肤品都装满了不属于我们皮肤的大量化学品。

我的丈夫布鲁斯现在正在承受折磨，我别无选择，只能创造出我自己的护肤品，没有布鲁斯的身体可能拒绝的化学物质。我很高兴，我的努力见效了。它实际上非常奏效。医生们惊呆了，他们不敢相信，没有使用任何制药公司的抗生素药丸或洗剂，布鲁斯的腿居然在两个星期内痊愈了。

他的康复让我感动和震惊。选择有效的产品，真的改变了我的生活。然后，我开始对世界各地（南美洲、澳大利亚、欧洲、北美洲）进行一系列探索，寻找有益的植物，调查其独特而强大的功能，它们的这些品质被工业忽视，因为产品中如果要加入这些成分，代价太大了。我把它们带回了英国。接着，我把其中的一种植物带到了牛津大学，这种植物中包含着特小分子，我要进一步研究。

2. **产品优势：**我们提供世界上最科学先进的高级护肤品。我们只做小批量，当我们有新的发现时，就可以立即纳入创新产品。我们的仓库中没有数十万或百万瓶护肤品待售。

3. **关键点：**关键在于我们能够快速接纳新的发现并将其推向市场。

4. **核心原则、目标和价值：**支持世界各地的有机农民。支持公平交易项目。无论什么成本，永远不要为了给我们的客户提供最好的产品而走捷径。我们要不断地投入研发。

5. **产品或公司特征：**这一切都是关于科学。已经证实的循证研究决定了我们的成分选择。对于产品成分，我们不会妥协。我们努力工作，就是为了拒绝使用石油化学成分，那是其他公司用来改变质感、批量生产或简化制作过程的东西。即便我们的水是昂贵的——用蒸汽蒸馏英国的有机薰衣草来制造精油。

6. **公司声音：**我们不像 Soap and Glory 或 Cowshed 美肤品一样新颖时髦，我们是领先科学：技术、高级、豪华、反常——护肤品的科学怪人。

7. **目标市场：**高档、高端，哈洛德百货、哈维·尼科尔百货、萨克斯百货、班德尔百货的客户。在如今言而无信的时代，我们想要基于科学进步的结果以及想找到一个可以信赖的品牌来传递这些结果，并不需要营销炒作。人类愿意付出最大的代价。

8. **我们的竞争对手是谁？**自从他们使用石油化工副产品和巨大的广告预算以来，便有了奢侈品牌的代表——“希望面霜”，但他们使客户感觉良好。我不知道其他任何一家科学先进的护肤品公司。他们可能会这样进行市场营销，但是，所有这些都是营销，没有科学成分。

9. **品牌标识：**我对今年流行的水的金属色很感兴趣：无性别区分、又有金属特质。无衬线字体也喜欢，因为它们更能代表科学和现代性。

好的，现在，你如何将所有这些信息翻译成可以连接和吸引消费者，并可能像病毒般疯狂传播的视频呢？“野生 & 有机”不是一个大公司，他们本来没有这方面的预算。尽管如此，他们有一个魅力四射的创始人，她有一个伟大的故事，还有很多话要说。诚然，她不能在一个短片中说出或做到这一切，但我建议她做一系列涵盖几个主题的短片。阿里森和其他人——即便他们开的是小公司——也有实力做几个视频短片。如果你雇用不起真正的电影人员，那么，你的智能手机上的高清视频技术也可以做到。多花点时间琢磨剧本，你还可以再找个说话舒服的人拍摄。对不起，真的没有理由不做视频。只需花时间来确保脚本和性能都很好。如果你请不到剪接人员，你甚至可以拍一次就过，因此不需要剪接人员。

所以，你已经准备好做一个视频，但你不了解如何进行。那么，我通常建议，每个类型的故事至少做一个小视频。这就意味着以下各项各做一个视频：起源故事、信息故事、价值故事和愿景故事。

不知道她究竟想要什么，什么类型的视频对她最有利，我决定给阿里森发一封电子邮件，询问她一些问题，以便我写出更好的剧本。哦，伙计，我成功啦！

我取出一瓶成本超过400美元的护肤霜，想听听她的看法，希望她与其他产品做一下比较。这是她回复我的电子邮件：

嗨，克莱沃宁教授！谢谢你的电子邮件。关于这款神奇昂贵的小瓶抗皱霜和类似的产品，我这里有一些想法可以提供给你。

这种抗皱霜以其华丽的包装而闻名，但成分选择还有待改进！

大型高端公司的主要目标是，他们的产品摸着平滑、闻着芳香，还有一个美好的营销故事。那是一定啦。

但我不会让这样的垃圾靠近我的皮肤。然而，他们的目标并不是真正减少皱纹，而是采用昂贵的包装和沁人心脾的香气来吸引一大批忠实的追随者。还使用那些精致好看的小瓶子。“不要担心皱纹！我们都年龄大了，真的无能为力！”但是，我们的脸上可以散发出持久的清香。

如果你在脸上抹上有机橄榄油或向日葵油，那将会更健康（必需脂肪酸），并且实惠很多。

产品中允许的苯氧乙醇的极限为1%，排在它后面的每一种成分，即构成营销故事的成分含量都要无穷小。

最终这些类型的产品，这一切都是为了营销，没有什么关于真相。以下是这些成分的更多细节：

丁二醇（1.3－丁二醇）是用于聚氨酯和聚酯树脂的溶剂和共聚单体。

C13－16是从石油中提取的异链烷烃支链脂族烃。

聚二甲基硅氧烷是一种在皮肤上感觉很好但不透气的硅胶。它是弹性橡皮泥的主要成分！

戊二醇是通常用作增塑剂的合成的低分子量溶剂。

丙烯酰基二甲基牛磺酸铵/ VP 共聚物是丙烯酰基二甲基牛磺酸铵和乙烯基吡咯烷酮单体的共聚物。很恶心！但摸着不错！

丙二醇通常用作飞机除冰液。它可以把各种成分聚在一起，帮助懒惰的化学家简化工作。

接下来，这是我分析的另一种美容产品的成分情况，也花费了好几百美元：

甘油是最便宜的保湿剂。

酒精让皮肤严重干燥，并破坏水滑脂层。

异十六烷是从石油中提取的16碳支链烃基。

润滑剂是甘油酯和聚甲基丙烯酸。聚甲基丙烯酸是由甲基丙烯酸制成的聚合物。甲基丙烯酸是具有令人愉快的气味的羧酸。甲基丙烯酸在工业上大规模生产，并且具有许多用途，最常见的是聚合物的制造，比如，有机玻璃和树脂玻璃。

再说一遍：

丁二醇（1.3－丁二醇）是在聚氨酯和聚酯树脂中使用的溶剂和共聚单体。

丙二醇通常用作飞机除冰液。

阿里森敬上

但是，问题依然存在：你如何掌握所有这些材料并撰写一个脚本？对于初学者，在阅读了这封电子邮件之后，应该知道，我们已经拥有了一个很好的基于信息故事的脚本所需要的所有成分。但是，我不得不提取最好的信息并将其转换成脚本形式，以便阿里森拍摄视频。所以，我做了下面的事情。

我试图想象出观众将会看到什么以及阿里森在相机上可以说的最重要的事情。换句话说，因为电影是一种视觉媒介，我开始从视觉的角度进行思考。我喜欢弹性橡皮泥和除冰液的创意。我知道，这些将是我想在视频中展示的强大视觉道具。我也知道，我希望她穿着一件白色的实验室外套，在她的实验室里拍摄，因为她每天都在那里分析这些化学物质。

我想任何人都可以写脚本——如果他们准备好从视觉角度进行思考的话。在没有对话的情况下，如何传达尽可能多的信息呢？然后，当你使用对话时，如何才能说出超越屏幕之外的东西呢？请把低预算考虑进去。那就要尽可能少的演员或屏幕人物，尽可能少的布景。只要一个外景拍摄地。

另外，音效要好。我们都倾向专注于头发、化妆和照明，但忘记了声音。这是一个错误。如果需要，你可以在后期制作编辑中修复照明问题，但如果声音不好，那你就死定了。所以，确保正在说话的人身边或附近有一个很棒的麦克风，并不断检查声音质量。

每一时刻都要拍摄多个角度，以确保覆盖面广。如果一个镜头出现问题，你就得进行剪接。还要拍摄所谓的“B 卷”。这是事物的二次镜头。所以，在这种情况下，我会拍摄很多阿里森说话的镜头，并在脚本中配好所有的台词。然后，我会拍摄 B 卷，这将需要她在实验室工作，而不是说话，以及她的实验室中的几个物体的镜头，特别是重要的物品，如化学品容器，以及与故事相关的物件，如弹性橡皮泥和除冰液。

最后，还有几个想法。首先，通常一页脚本对应着视频时间的一分钟，所以，我建议，每个脚本不要超过 7 页，也就是 7 分钟的视频。我还建议你采用电影剧本格式写脚本。现在，我给大家举个例子。脚本往往是非常简单的，所以不要写得太长。保持语言简单，只描述观众看视频时在屏幕上看到的内容。祝你编写脚本愉快！

场景淡入：

特殊实验室，室内，白天。

一个真正的化学实验室，里面有玻璃烧杯和活性冒泡的东西。

维尔德教授（穿着白色实验室外套，戴着眼镜）正在微笑着做实验，突然她抬头看了看。

维尔德教授（对着镜头）：

“欢迎来到我在英国牛津的实验室。针对消费者们正在使用的产品，他们正不断地发邮件来询问有关事宜。所以，我想回答一些关于你们强加在脸上和身体上的问题。”

维尔德教授走到实验室另一边的桌子旁。她一边走，一边从外套口袋里掏出了装在试管中的昂贵护肤品和包装瓶，然后举起来。

维尔德教授（对着镜头）：

“这个产品在美国的售价是400多美元，在英国是300多美元。我必须承认，它的包装很漂亮，并且也含有一些不错的成分，但是，它也有一些令人讨厌的成分——大部分是石化产品——我绝对不会让它碰到我的皮肤。”

维尔德教授在桌子旁边停住了，桌子上摆着一些物品。她拿起一个装着橄榄油的玻璃瓶。

维尔德教授（对着镜头）：

“说实话，你最好购买这种有机橄榄油，抹在脸上的效果比400美元的皮肤霜可好多了。”

维尔德教授放回了橄榄油，拿起了昂贵的护肤霜。

维尔德教授（对着镜头）：

“我们可以为这些成分拍一个特写镜头吗？”

特写镜头——标签上的成分。

维尔德教授（旁白）：

“我知道，其中一些真的很难发音，但让我告诉你这些大致是什么意思，例如，这个词语，二甲硅油——它是一种抹在皮肤上感觉很好的硅胶，但是它不透气，这意味着，它阻塞了你的毛孔。”

镜头拉回来——维尔德教授举起一个弹性橡皮球，打开它。扯出橡皮泥，捏着玩。

维尔德教授（对着镜头）：

“二甲硅油也是这个玩具的主要成分，只需几块钱你可以买到弹性橡皮泥。”

相机放大了这个场景——维尔德教授拿起一个聚酯材料的男士领带和一罐汽车油，然后把它们放下来，抓住了一个儿童塑料玩具。

维尔德教授（旁白）：

“丁二醇（1.3 - 丁二醇）是在聚氨酯和聚酯树脂中使用的溶剂和共聚单体，C13 - 16 异链烷烃是从石油中提取的异链烷烃支链脂族烃。戊二醇是通常用作增塑剂的合成低分子量溶剂。”

近距离拍摄——维尔德教授捡起一只塑料手提包和一瓶绿色除冰液。

维尔德教授（旁白）：

“丙烯酰基二甲基牛磺酸铵/ VP 共聚物是丙烯酰基二甲基牛磺酸铵和乙烯基吡咯烷酮单体的共聚物。很恶心！丙二醇通常用作飞机除冰液。它可以把各种成分聚在一起，帮助懒惰的化学家简化工作。”

户外，牛津的田园——

维尔德教授穿着牛仔裤和一件毛衣，走向牛津的郁郁葱葱的绿色田园。

维尔德教授（旁白）：

“所以，你在花费400美元买一瓶护肤霜之前，请考虑这些成分。你的皮肤太重要了，不能把石油化学品放在上面，而且，大自然中可供你使用的好东西实在太多了。”

维尔德教授走进了牛津的田园。

叠加画面——

“有关更多信息，请登录 http://wildorganicskin.com。”

画面淡出。

剧终。

你看到我如何从电子邮件中选出最好的东西来制作引人入胜的短片了吗？这里的关键词很短。短片应该是你希望人们分享并发送给朋友的东西。他们没有耐心去关注长时间的视频和太多的信息。视频的关键始终是简短、悦耳，恰到重点。记得不要太长，也不要太短，这是很容易弄错的地方。

当你在视频结束之际宣传自己的品牌时，始终需要关注的另一个问题就是潜在的轩然大波。如果你正在制作商业广告，那就会这样。如果你的视频看起来是为了社会意识的揭露而制成，那么，你的品牌最终展示出来时，可能会破坏已经呈现的一切美好画面。消费者现在可以将整个视频看成是为了销售产品而设计和创造的内容。结果，他们可能会产生被欺骗和背叛的感觉。愤怒的消费者可能会直截了当地拒绝你的消息，甚至会极力诽谤和伤害你的品牌。

所以，创造品牌内容是一个棘手的大命题。消费者将接受这些视频，但如果他们觉得视频中的信息只是在欺骗他们，引诱他们购买东西，那么，你的视频反而会害了你。所以，你有一个选择：从视频一开始就清楚你是谁，你要做什么，或者，你想达到什么目的？最后，你要小心翼翼，不要试图卖任何东西。

这就是为什么我建议阿里森不要提及，甚至不要把她的产品放在视频中的原因。这些视频必须被视为一个教育系列短片，表示她正在为人们提供更多的信息。就是这样。在视频结尾处没有任何产品广告。不过，结尾链接到了她的网站，其中包括教育方面以及感兴趣人群购买产品的网页链接。

视频必须以教育和社会意识的方式发挥作用，它是品牌 DNA 的组成部分。事实上，在阿里森的网站和博客上，大部分的副本是纯粹教育性的，如此设计，只是为了向人们提供知识和信息。

今天，如果消费者因此受到启发，他们可能会去她的网站，并在那里获得更多关于护肤产品成分的信息，更具体地说，如果他们这样选择，就会享受到野生有机生物活性护肤的好产品。消费者自己决定是否要使用她的产品。而她将继续忙于制作视频内容，让消费者知道所有不同皮肤产品中可用的成分。然后，消费者根据已知信息去决定购买什么产品。

所以，这是一种经典的软性推销手段，阿里森在社会责任和公共服务方面都做得完美。至少在这一系列视频中，她的产品销售必须被视为次要目标。

脚本和即兴创作

我是一位训练有素的编剧，因此一般负责整部剧本的创造。但是，如果你与没有接受过培训的演员们一起撰写视频内容，那么，你可能需要更多地引导他们进行我所谓的即兴创作，而不是真正的脚本表演。我这样说，是因为如果你引导摄像头前的演员，提问并刺激他们，而不是强迫这些明星照本宣科、装腔作势、假模假样，结果，你可能会得到你想要的视频。

最后，你要从自己的角度去判断是否使用脚本。看看视频的目的和涉及的演员，并做出明智的选择，引导他们做出最自然的表现，同时还要展示出你所需的内容。视频，不像电影那样昂贵，可以拍摄多个镜头，以供你后期剪接和制作方便。还要注意的是，视频可以在你的网站、视频网站或其他网站上发布——具体取决于网站和视频的性质。现在，走出去，制作一些有可能疯狂传播的好视频吧。

第十六章
社交媒体和故事分享

在过去60年中，市场营销已经从以产品为中心（市场营销1.0）转向了以消费者为中心（市场营销2.0）。今天，我们将市场营销视为对环境新动态的回应。我们看到企业将产品重点从消费者扩大到了人类问题。

市场营销3.0是公司从以消费者为中心转向以人为本，企业责任与利润相平衡的阶段。

——现代营销学大师菲利普·科特勒

由于故事营销在今天如此盛行，关于它的讨论不可避免要通过社交媒体对故事的构建和修改进行观察。那么，社交媒体的兴起如何影响你的品牌故事呢?

本章将分析社交媒体时代品牌故事的构建，品牌故事在社区发展中的应用，以及如何最好地塑造社交媒体中的故事，以便引导最大的参与度。

我认为，可以说，随着社交媒体的兴起，你需要讲故事以取得成功的方式已经发生了变化。到目前为止，应该清楚的是，你需要做的不仅仅是列出产品利润清单。

在这个遍地品牌的世界中，其中的故事远远超出了超市的走廊，你需要展示你的产品或服务如何提供一种体验，通过满足需求或欲望来增加对人们生活的价值。你需要通过强大的品牌故事与客户联系，将它们转化为所有形式的数字媒体以及社交媒体。

为了确保品牌印象的一致性，消费者与你和你的产品的接触点必须围绕着品牌 DNA 及其出现的故事来展开。这是你可以控制的东西，但这一切都始于你的品牌故事，以及你如何将其转换为通过互联网传送的视频和基于语言的内容。

过去，你可以创建一个小册子、平面广告或电视广告，其中包含你想传达给消费者的信息。如果是一种新产品，你要列出其主要性能，以便创造顾客认知度。如果它是一种众所周知的老产品，主要性能则显得多余和没必要，你需要讨论如何新增和改进，并列出新改版的性能。或者，如果碰巧你的产品或服务没有什么新鲜和改进之处的话，你可以谈谈以前没有提及的其他品质。例如，百事可乐现在不再需要讨论可乐是什么或它尝起来是什么味道，而是要定义与百事可乐相关的情感属性，例如，他们体验了积极振奋的新感觉——“走出忧伤”。

你可能已经注意到上述所有内容都不是以故事为基础。正如我已经指出的那样，传统的品牌传播往往普遍采用非叙述方式，而且在许多情况下，这些方法现在似乎过时了。如今，为了传达你的信息，很多时候别无选择，只能使用品牌故事，因为它是在愤世嫉俗且看破套路的消费者中间创造参与和提升兴趣的罕见方法之一。

那些传统的非叙事性销售方法可能有助于进一步推广品牌，但它们本质上是一条单向街道，你可以将焦点放在想要传达的几个要点上。然后，你将该消息传达给消费者，希望他们能够明白。除此以外没有了，愿上帝保佑吧。所以，这是一个碰碰运气的游戏，通常，几乎没人参与，你也没法取得成功。

但今天，游戏和规则已经改变了。单向非故事性的广告时代已经结束了。品牌故事现在是谈话的基础，你可以在这里构建故事和设定基调——包括你的故事和消费者的叙述——让大家来共同分享，包括品牌创作者、营销人员、用户和客户。如果你的故事不高明，那么，这个故事就会背叛你的初衷，无论好坏，最后的决定权属于你的消费者。消费者的权力是前所未有的，如果你不能为品牌故事做好准备，那么，这个故事很有可能会不听你使唤，并可能对你的品牌造成极大的伤害。

如果你了解故事的需要，以及你的特定故事为何传达你公司的品牌 DNA，那么，该故事可能成为你公司或产品的所有对话的试金石。你可以控制对话，而不是让它控制你。

所以，要先了解你所讲述的故事以及如何改进这一故事，然后改编故事以激活你的品牌，从而构建你的产品和公司的对话框架，并激励消费者讲故事，而不要自说自话。

为线上和线下的品牌故事设定基调，这将会引领你的公司和产品在未来走向成功。

那么，问题就变成了该怎么做？在消费者似乎拥有一切的时代，如何获得力量和控制权？我们从你的故事的语言开始吧。如果知识和语言是力量，你需要真正考虑你的品牌故事的内容和语言，然后将其与许多形式的社交媒体中的信息和语言进行比较。

这意味着，你需要看看消费者提出的担忧，并讲述消除这些担忧的故事。你需要查看和领会客户使用的语言。

哪些术语会经常出现呢？如果你反映了网上客户的语言，他们将更加敞开心扉来接收你的信息。用他们的话说话，同时，将他们的话写成你的新品牌故事。

乔尔·柯莱特克是一个才华横溢的文案作家，他的博客十分精彩，他在那里开辟了一个专栏，你可以挖掘一下，找到你写品牌故事所需要的语言：

· 评论——这些也是你的客户将会看到的内容——所以，在评论中发现异议，可以让你有机会写出解决问题的副本，或者甚至在他们担心之前来个先发制人。

· 感言——这些会帮助你了解你的客户是谁，以及他们如何谈论你的解决方案。你可以从这里获得一些真正的宝贵意见！

· 论坛——网络上最原始且无偏见的对话，这些话非常有助于你反思自己的优点和缺点——以及竞争对手的优点和缺点。

· 问答网站——从美国版知乎和雅虎知识堂，到不太知名的问答中心，这些将帮助你了解人们正在处理的问题或痛点。

· 你的销售团队——没有人比他们更了解你的客户了。你的销售人员将会了解他们不断被询问的问题以及客户的反对意见，并分享可以促进客户购买的内容。

·你的电子邮件——几乎没有人使用电子邮件谈论产品，但不要忽视它们！这些是你挖掘客户的重要对话。

所以，勇往直前，向社交媒体界发布高调且精心制作的品牌故事。然后，坐下来，准备好迎接猛攻吧。无论你是否愿意，社交媒体的世界将会给你大量的反馈意见。所以，搜集所有这些伟大的原材料，并挖掘其全部价值。还要参与对话，接触顾客，与客户保持联系。

第十七章

如果你说错了，那就死定了

关键不在于你说什么了，而是人们听到什么了。

——弗兰克·兰茨，《说话的力量》

无论你的故事编写得多么好，如果你正在发表讲话，却不能很好地表达自己的意思，那么，你的故事必定会让你一败涂地。正如弗兰克·兰茨所说：“关键不在于你说什么了，而是人们听到什么了。”所以，你有义务让他们听到正确的事情。你已经努力讲故事，你不想让你的故事和你的品牌失望。所以，现在，你必须努力表达这个故事。你如何才能让人们听到你想让他们听到的故事呢？

为了回答这个问题，我们来看看讲故事的行为。很多人告诉我，他们在观众面前不舒服，这是他们最大的恐惧之一。在本章中，我们将介绍一些最基本的表现技巧，可以帮到所有人——面对观众的时候，无论你多么舒适或经验丰富，都需要一定的技巧。

让我们一步一步来。你已经完成了一项艰巨的工作——构建一个好故事。你要在演讲开始之前设计一下你的语言。那么，下一步是什么？要记住的基本事项是什么？你如何做到这一点，让你看起来放松自若，并不负众望地完成任务呢？

多年来，我和商界人士、高管和律师一起参加了各类大小型活动。很多时候，我都带着好莱坞动作教练、作家兼演员杰恩·阿米莉亚·拉森。当我们一起工作时，我将重点放在要呈现的文字材料上，她则着重于实物演示方面。杰恩·阿米莉亚是帮助改变人们演讲和演示技巧的大师。所以，我很高兴向她提出一大堆问题，我认为，这些问题对于任何一个讲故事的人而言，都是有用的。

我很幸运，杰恩·阿米莉亚同意在这里与我一起分享她的一些知识。现在让我们更深入地探讨讲故事的行为，针对我提出的关键问题，请她给出相应的答案。

我：紧张时刻，你会怎么样？

杰恩：一旦我们在观众面前说话的时候，很多最简单和最常见的活动就变得繁重或尴尬，难道这不奇怪吗？那么，当你忘记了如何去做的时候，你会怎么样？或者，当你的手掌冒汗，你的双腿不停地颤抖和摇摆时，你该怎么办？

首先，呼吸……然后，再呼吸……然后，再呼吸。

要知道，最重要的就是让自己舒服——然后，你的故事就会一个比一个好。如果你开始的时候安全可靠，那就会更容易地做好准备，发挥好你的智力和想象力。放松和呼吸可以帮你做到这一点。然后，你就可以随心所欲了。

瑜伽练习中的山体姿势（山立式）是一个很好的开始和姿态，我们都能自然而然地做到：双腿直立，双脚与臀部同宽站立；腿直，但不僵硬；膝盖柔软，但不弯曲。轻轻地来回摇晃，从一边到另一边，然后，当你感觉到你的体重平均分布在你的脚上时，就固定下来。将眼睛聚焦在近地平线上，确保下巴下垂，而不是向上倾斜。抬起胸骨，同时，扩张你的肩膀和上背部肌肉，使之轻松释放压力；肩膀应该松散地悬垂在身子的两侧。接着，你可能需要尝试将一只脚轻轻地放在另一只脚的前方，并增加更多的舒适度。

许多人不知道怎么摆放自己的双手，其实，在不需要做手势之时，就请你打开双手，保持轻松。不要把双手插进口袋里，或者，紧握住双手摆放在身前；或者，发神经时攥成拳头。你要试着放松它们，以便你更有效地使用它们。如果你做不到这一点，请在讲话的时候，每只手里拿一本厚重的书，以防止自己习惯用手去做其他的事情。我指的不是示范性动作。

说话的时候，可以随意走动，不要因为技术原因而被困在一个地方。不要藏在讲台的后面，除非你必须这么做（因为讲故事的时候，全身比躯干的表达效果更好）。而且还要小心，演讲的时候，不要无目的地漫步或来回踱步，这是放弃观众的行为。现实生活中怎么走动，演讲的时候就怎么走动。如果需要更好地传达一个观点，请站着不动，让你的听众有一些空间来考虑你刚才所说的内容；如果需要强调一个想法，可以走向他们；如果需要指示思维变化，则可以切换方向，等等。其他时候尽量站着别动——除非你需要走动（理想情况下，如下文中描述的那样打手势）。

记住，你的观众可能非常关注你，你的每一个小小的动作都会传达一个信息——无论你是否想要这样做。你的观众同时在许多频道上接收到有意识和无意识的讯息，他们总是喋喋不休，你希望尽可能多地控制交流。如果你用手在口袋里摆弄硬币，玩弄头发，或者不停地捣鼓钢笔，那就突显了你的不适，破坏了你的信息。每当你听到开门声的时候，如果你的眼睛飞向门口，你的观众也会看向那里。演讲的时候，请你用眼睛盯着地面，不要试图通过一个简单周到的注视来与观众进行沟通，那样让你显得害怕、冷漠、自私，或者过于依赖当时的反应。

演讲时，请注意你的有意识选择，要知道，有意识的选择不一定是不真实的选择。你可以定期有意识地使用言语交流和非言语交流，包括姿势、声调和音调、眼神接触、面部表情和身体姿态，以帮助你的故事栩栩如生并引人入胜。请找到适合自己的有效方法，你会立即明白什么时候做恰到好处。

我：你应该如何说话？换句话说，你应该如何使用你的声音？

杰恩：你的身体和你的声音是强大的沟通工具，也很容易训练。你可以像锻炼肌肉一样训练你的声音，这样有助于你讲故事。很多人一遇到公开演讲就十分紧张或不习惯，因此不能轻松流利地说话。声音和技术一样，你必须经常大声排练，你练习越多，就越得心应手，表现得越好。请独自练习，或者在家人和朋友面前练习，但不要在镜子前练习。

重要的是，你会发现自己最好的声音具有最有力的共鸣，那是一种自然的声音。在任何时候，无论是现实生活中，还是现场演讲时，请尽可能多地使用这种声音。这意味着尽可能多地使用你的共鸣器官：脸上的骨头、鼻腔、嘴巴、胸部，等等。我们每个人的声音平衡点都是不同的，因此我们每个人的声音都是独一无二的。鼻腔共振有助于增加说话的亮度和清晰度，胸腔共鸣可以添加更深层的音调来制造温馨。鼻腔共振太多，耳朵上会有光泽；胸腔共振太多，可以遮蔽声音。如果你在说话时发现了新的音调和低音，请努力将自己的各种声音融合在一起，形成更加完整的声音。找到自己最好的声音是一个微调的过程，培训最自然的声音，同时促成细微的差别、力量和灵活性。这通常要借助训练有素的声乐教练来共同完成，但也可以在家里完成，你可以在网上轻松找到声乐技术来源，然后进行针对性练习。

一般来说，我们大多数人在观众面前说话时需要放慢语速。你依然可以对话，但要放慢速度。在演讲开始时（无论你的观众是寥寥无几还是成千上万），当观众需要调整耳朵来适应你的音色和音调，以便更好地理解你的时候，尤其需要如此。在非常重要的时刻，请在短语之间停顿一会儿，这是一种提醒观众更加注意你在说什么的方法。不要满嘴跑火车，甚至不喘一口气。偶尔暂停下来，让观众休息一下，因为他们需要时间来消化你的内容。请注意，在句子结束时，你不要在口音或音量上失去控制，或者陷入心灵麻木的常规节奏，那样会让观众很快就昏昏欲睡。

我：你会做什么手势？在讲故事的过程中，你会在什么时候打手势？

杰恩：手势是传达故事时最多变和宝贵的工具。手势是身体的局部动作，可以表达意义或情感，或传达指示，还可以展示旨在传达感觉或意图的动作。它们可以而且应该非常具体。姿势和手势的组合被称为“连串动作”。善于沟通的人就是那些将连串动作与交际意图相匹配的人。观察一下你最喜欢的主持人，你会发现事实就是如此。（请打开网站：http://www.ted.com/talks）

我在研讨会上教授的第一件事，就是如何开发有用的、普遍的、易于识别的手势，以更好地传达故事。请把你的手伸到你的面前，手掌朝外，表示

"停"。你可以使用这个动作来加强各种信号：停止你正在做的事情，我阻止我自己（我们、你们），已完成，等等。请把你的手伸出去，稍稍远离你的身体，手掌朝上，手指卷曲，指向你自己，表示"来"。你可以用这个手势表示字面上的"来"和比喻意义上的"来"，你明白吗？研究一下你在一天中所做的手势，你会发现自己懂得不断使用手势进行更好的沟通。你眯起眼睛，皱着眉头（肢体动作可以用脸部单独表演），以表示怀疑、质疑或嘲笑。你惊讶地抬起眉毛（你也可以喘气，因为肢体动作可以用声音加强）。你把双手合在一起，表示乞求，等等。

阅读你的文字，观察你的手势，有助于帮你说明自己的想法、消息和意图，以便更好地讲故事。我在指导中使用了一个很好的例子：我让观众想象一道彩虹，彩虹的尽头有满罐的金币。简单地描述，不如一边打手势一边描述。我用手去跟踪前方空气中的彩虹弧度，然后用力一击，打开手指，把手握成茶杯状，仿佛抓住一些珍贵的东西，立即召唤出一个充满想象的彩虹形象，彩虹的尽头有满罐的金币。用我的声音去描绘彩虹的弧度（从低到高），并惊奇地发现，彩虹尽头的满罐金币加深了这种心理印象。我们"看到了"自己心中的形象，这样可以激发想象力。心灵的眼睛就是一个有力的沟通工具。如果你可以找到几个说明性的手势来支持你的故事中的关键点，那你的故事一定更精彩。

我：你强调了哪些话语，为什么？

杰恩：你应该给自己的演讲标注重点，让你知道最重要的要点和特定的单词或短语，以突出这些要点与声音的变化和手势。不要在一句话中使用太多的字，或者在一个段落中使用太多的词。请审慎选择，否则你的观众会招架不住，无法集中精力。如果你强调每一个字，你的演讲就会变得过分强调和迂腐。如果你根本不使用强调，你的演讲就会变得沉闷乏味。不要结结巴巴，不要无意中嗯嗯啊啊，这样不利于讲故事。

我：你如何用对话和口音来提升故事的感染力？

杰恩：好故事意味着使用充满活力的描述性语言来促进情感上的联系和理解。如果你擅长用口音或重复对话来创造戏剧化的紧张或冲突，无论如何都要这样做，它能改善你的故事效果。如果你没有这些天赋，请不要担心。你仍然可以广泛应用自己的身体语言和声音来传达意义并产生影响。小心使用对话，除非你随时可以清楚地表达两个人的话。没有明确意义的对话，反而会破坏你的故事。但是，精彩的对话可以很好地帮你以一种真实的对话方式去推动故事。

我：你想在哪里赢得欢笑？

杰恩：随时随地。我的意思是，只要观众笑，你可以做任何事，即便是让自己尴尬的事也可以。这一定会成功。戏剧性穿插对讲故事的人和观众来说都非常棒。这样感觉很好，让大家都放松下来。许多人建议事先准备好一个笑话，然后在演讲的开场白中说出来，以帮助大家放松；如果你的“后备厢”里有一个很棒的笑话，无论如何也要使用它。通常，我发现，对于许多人来说，运用一个更细微的幽默形式更有效，也更容易。此时此刻，需要真实回应。很简单。如果你自然而然地贬低自己，就可以构成一个关于你自己的笑话。如果你紧张，请使用这种自嘲方法。如果你欣喜若狂，也请使用这种自嘲方法。如果你没有准备或过分准备，还请使用这种自嘲方法。如果你在洗手间的时候把水洒在自己身上了，也可以使用这种自嘲方法。你可以随时随地使用任何东西来自嘲。

你可以站在观众面前，沉默地盯着他们一会儿，然后说：“哇，多么多好看的人，我是怎么进来的？”那么，你会博得观众一笑——如果你说的是真心话。你不必语不惊人死不休，你不需要幽默来赢得观众，只要你真诚，他们就会愿意倾听。告诉他们你是谁。让自己变得脆弱是一种力量之源，对于尴尬或羞耻的恐惧可以削弱你的想象力和智力，并以可怕的方式阻止你的故事。我鼓励大家放松下来，只要做自己，展现所有的优点和缺点，你会在演讲时感到更加快乐和自由。如果你在沟通中表现得很真诚，你将更加值得信赖，因此也更具吸引力。

我：你如何克服舞台恐慌？

杰恩：我们都在一定程度上体验到了这一点，甚至是最有经验的表演者。但是，这种体验很自然，甚至很美好。这意味着你很活跃，如果你没有神经，就不会有意识。你能做的就是拥抱刺激，用积极的方式给自己打气。肾上腺素是一种神奇的催化剂，可能是所有伟大成就的主要动力。

如果你在演讲之前非常紧张或激动，你几乎看不到或听不到任何东西，请你深呼吸，让自己放松下来。把你的手掌捧起（作杯状）放在你的耳朵上，聆听你的充满活力的身体的正常呼吸。几分钟之内，你就会平静下来。严重的恐惧症患者应尝试由女演员多萝西·萨诺夫开发的“萨诺夫式挤压”，其目的是阻止人体产生去甲肾上腺素或肾上腺素，这是因为恐惧而在体内产生的化学物质。如果你对此技巧感兴趣，可以在线了解更多信息。但基本上，它需要你直立坐在椅子上，稍微向前倾斜，将双手放在面前，呼气时将双手压在一起，然后反复强烈地吸气。你也可以在墙上练习这种方法。如果你做得正确，就可以感觉到挤压的作用，它确实让你身心放松。

但是，帮助你处理舞台恐惧的真正窍门是通过排练来提高舒适感——定期在观众面前练习——以便你在紧张、兴奋或困惑的时候仍保持精力充沛。当你发现自己口干舌燥，难以说话的时候，就在附近放一些水；如果你知道自己大汗淋漓的时候，就用手帕轻轻擦拭自己的脸；如果你注意到自己的眼睛无法轻松阅读稿子时，就可以在打印时使用16点输出（这是一个很好的技巧），等等。所有这些调整都可以轻松实现，但你必须有先见之明，知道到时候会用上它们，因为你已经在排练或练习中收获了丰富的经验教训。

我：在演讲中可以应用什么具体有效的行为技巧呢？

杰恩：排练，排练，排练。再做一次。我保证，那是你的黄金门票。重复和排练有助于开发促进学习和执行技能的神经通路。作家兼教育家托尼·布赞说过：“……重复本身会增加重复的概率，‘心理现象’发生的次数越多，它再次发生的可能性就越大。”我在指导中已经观察到很多次了。另外，熟悉故事涉及的材料，你会更好地讲出来。使用你的思想和身体来连接和传达你的材料，并运用你的想象力，以真实和有意义的方式动情地诠释你所说的话。要顺其自然，要真实诚恳。你的真诚会帮助你推销自己的故事。一旦你开始尝试像其他人一样行事，比如你的老板或者其他不同的人，那就会彻底崩溃。你的观众也会感觉你很虚伪。

我：你在故事中创造情绪的目标是什么？你是如何做到的？

杰恩：我知道，你已经在这本书中谈到了镜像神经元，但是，我将在这里再次引用它们。镜像神经元是共鸣的源泉。演讲者的首要目标是，使用这种沟通现象与你的观众建立联系。最新科学证明，这种效果可以产生一种更加美好的沟通和共鸣。使用声音和手势来创造引起情绪的心理图像，是引起反思性理解的有机渠道。你的观众对你的了解越多，就越同情你。描述性话语加深了联系，使消息更有意义，更“粘人”，更有吸引力。情感共鸣是所有好故事的基础——特别是当你的观众对你的故事世界不太了解的时候。你用自己的身体和声音为他们创造的情感联系，有助于他们了解自己从未真正体验或目睹过的东西。现在他们开始认识它了，因为他们是通过你这位故事高手而得知的。这是一件美好的事情。

第十八章
故事的奇迹

没有比心中藏着未诉之事更为痛苦的了。

——玛雅·安吉罗，《我知道笼中的鸟儿为何歌唱》

总而言之，故事的力量是无穷的，我想在此与大家分享一下自己的结论。

跟着心走

当你继续思考本书中的想法，并用书中提供的所有技巧去磨炼你讲故事的技巧时，我希望，你那曾经指向脑袋的食指，现在指向下面的心脏吧。

而且，如果你让自己更加重视心灵的感觉，我相信，你也会发现你的故事更加有效，更能激起客户和消费者的心灵共鸣。

力量之后，就是责任

现在，在本书结束之前，我还想警告一下。1950 年，一位伟大的故事专家——威廉·福克纳在接受诺贝尔文学奖时表示：“诗人和作家的职责就是升华人类的心灵，使人类回忆起曾经使他无比光荣的东西——勇气、荣誉、希望、自尊、同情、怜悯和牺牲。诗人的声音不该只是人类的记录，而应是令人类永存并得到胜利的支柱和栋梁。”（《福克纳的读者》）

福克纳知道这些故事具有巨大的潜力，而且，这个力量也承担了巨大的责任。为了回应福克纳的号召，我希望这本书将会启发你去利用这一力量，并且呼吁和鼓舞你去欣然承担这个令人敬畏的责任。

真的，讲故事是一种艺术形式，你不能一夜之间全部掌握。但是，立志做一个伟大的故事专家，是一个真正有价值的目标，我希望你在成为真正的故事大师的道路上一帆风顺。

让奇迹发生

我希望，你已经发现我的许多建议对创造精彩故事很有帮助。理想情况下，当你开始阅读本书最后一章时，就已经开始使用新的撒手锏——品牌故事了。

我也希望，我没有因为你而破坏了电视或电影，因为现在你可能会分析和解构你所看到的故事。不过不用担心，最好的故事专家是如此优秀，无论你多么拘泥于细节，多么擅长构建故事，真正伟大的故事都会让你神魂颠倒。你如此着迷于故事，以至于在故事结束之前，你别无他念。

最后，尽管如此，在所有的方法、原理、准则和规范之后，真正只有一个万无一失的方法让你成为一个更好的故事高手：继续阅读伟大的故事，不断尝试构造故事，并继续练习讲出自己的故事，记得一定要始终注意观众的反应，不断地修改，修改，再修改。

不要忘记，精彩的故事可以让奇迹发生。所以，我可以讲这些东西，一直讲到我的脸色发青（我已经脸色铁青了）。有时候，绞尽脑汁地想故事，并遵循所有规则，你的心中可能会萌生出一个很棒的故事。你可能会发现，只要你的故事具备人物、主题和对话的正确组合，把这些要素融合在一起，就可以随时让人心醉。

如果讲得好，你的故事就会栩栩如生，甚至呼之欲出。

在本书的最后，我想说的是，我们无法控制故事的神奇之处。因为，现在，你应该意识到，当你把正确的话按正确的顺序连接在一起的时候，奇迹可能就会发生。

我在谈论句子组合的奇迹——穿越心的隔阂，在情感上影响陌生人，使他们欢笑或哭泣，甚至改变他们看待世界的方式。

我在提及人们在日常生活中被故事感动的案例。朋友，这可不是梦幻虚构的哈利·波特式梦想。如果讲好故事，奇迹每天都会发生。

这就是转换故事的魔力。一个精彩的故事，就好比一道亮光，射进了我们世界的黑暗角落。最后，我们为什么要讲故事呢？为了改变事情，帮助他人，激发成长，也为了教导他人和自我学习。

是的，如果你擅长讲故事，还有一点点小幸运，也许，你的故事会改善他人在这个旋转的蓝色星球上的生活。

这就是一切。

大胆一点，勇敢一点。讲述更好的故事去吸引他们，拥抱奇迹，并不断地尝试着让世界变得更加美好。

鸣　谢

如果没有这么多人的帮助，我不可能完成本书的创作——无论他们的贡献是大还是小。所以，现在，我要提前向大家致以诚恳的道歉——我可能会无意中忘记你们的名字，我会尽力回忆你们的名字，并在下文中加以确认：

非常感谢南希·科恩，是他敦促我写这本书。感谢我的经纪人保拉·穆尼尔，他对这本书非常感兴趣。还要感谢雷内，她在我的整个创作过程中给予了大力支持。

还要感谢很多大人物的贡献——有的接受采访，有的为我的书作序，下面我要列出他们的名字：谢卡·科斯拉、安妮拉·希瑞瓦斯塔瓦、哈里·贝克维斯、泰瑞·阿尔普特、特雷弗·加利克、艾尔·皮若佐利、弗兰克·迈尔、乔尔·柯莱特克、凯西·科帕斯、迈克尔·西蒙、卡佳·布列塞特、沙莉尼·钱德拉、阿比赫特·高斯和苏奇拉·帕兰奇。

此外，我还要提及比尔·勒迈尔、大卫·斯蒂尔、鲍勃·奥格旺、科林·塞尔、安娜·马格诺、马丁·威格尔、马克·诺尔，等等。他们从各个角度帮我把这本书打造得尽善尽美。

最后一点也很重要，那就是——我希望向曾经聘请我帮忙写出好故事的团队致以诚挚的谢意。这本书是献给你们的。